超实用的职场礼仪书

木子 著

国家一级出版社 中国纺织出版社 全国百佳图书出版单位

内 容 提 要

在当今社会中，礼仪是每一位职场人士必修的课程之一。不懂礼仪，在职场会腹背受敌；不懂礼仪，客户会离你而去；不懂礼仪，领导也不会对你青睐有加。可以说，礼仪，决定着你能否成为一个称职的员工。

本书从一些有形的礼仪，如初入职场的礼仪、与同事间应有的礼仪、与领导相处时的礼仪、与客户沟通的礼仪，到一些无形的礼仪，例如如何接打电话、如何发送邮件、如何请客吃饭等，全方位地详细解释礼仪在每个职场环节的重要性，并用理论结合案例的方式，描述了运用礼仪的技巧。相信每一位职场人士从本书中都能得到礼仪方面的知识并受到启发，使自己在职场中成为彬彬有礼之人，因为礼仪进而取得辉煌的成就。

图书在版编目（CIP）数据

超实用的职场礼仪书／木子著. —北京：中国纺织出版社，2018. 1（2023.1 重印）
ISBN 978-7-5180-3994-4

Ⅰ.①超… Ⅱ.①木… Ⅲ.①心理交往-礼仪 Ⅳ.①C912.12

中国版本图书馆CIP数据核字（2017）第214259号

策划编辑：郝珊珊　　责任印制：储志伟

中国纺织出版社出版发行
地址：北京市朝阳区百子湾东里A407号楼　邮政编码：100124
销售电话：010—67004422　传真：010—87155801
http：//www.c-textilep.com
E-mail：faxing@c-textilep.com
中国纺织出版社天猫旗舰店
官方微博http：//weibo.com/2119887771
佳兴达印刷（天津）有限公司印刷　各地新华书店经销
2018年1月第1版　2023 年 1 月第 4 次印刷
开本：710 × 1000　1/16　印张：16
字数：172千字　定价：49.80 元

前言

preface

中华民族自古以来以重礼仪而著称，有着“礼仪之邦”的美誉。一个彬彬有礼的人，总是很容易被别人接纳；一个不懂礼仪的人，不仅很难给人留下好印象，甚至还容易引起别人的反感，从而招致不必要的麻烦。

不懂礼仪，在别人眼中，你就是一个不懂得尊重别人的人，这样有谁愿意接纳你呢？现在的职场中，无论你进入会议室还是会客厅，无论是同事之间的沟通还是客户应酬，你在不知不觉中已经通过身体语言与别人进行交流了。通过你的走姿、站姿、坐姿、神态、表情、目光、进门的仪态、告别的姿势等，你已经用无声的、丰富的语言向人们展示你的内心世界、你的一切秘密。

在职场中，你是否懂礼仪决定了你能否给别人留下好印象。在公司中如何称呼同事？和领导在一起时，如何做到尊重？公司来了客人，该如何招待客人？如何选定餐厅请客吃饭？去拜访客户，有没有带一份礼物？和客户进餐该如何安排座位？所有这些礼仪，都需要了解并运用。把这些礼仪掌握好，融入你的工作与生活中，形成习惯，你的未来将更加美好。

在职场中，可谓是有“礼”走遍天下，无“礼”寸步难行。礼仪就是一套隐身的华服，它能够不露痕迹地折射出一个人的人品，传递出一个人的素养。职场中的人，每时每刻都要应付各种各样的人，同事、领导、客户……要想在形形色色的人中展现良好的形象，礼仪就是一门最重要的课程。

本书针对职场人士，从初入职场的礼仪，到如何与领导相处的礼仪，再到不同的人在不同的场合中的礼仪，融合现代中西方的利益规则，结合现代职场中的礼仪规范，通过深入浅出的方法，礼仪规则结合案例的方式，详细地讲述了职场人士必须掌握的实用性礼仪。希望本书能够帮助那些初入职场和对职场礼仪了解不深的人士，让他们在职场中都能够做到彬彬有礼，最后在职场中取得辉煌成就。

目录

contents

第一章 从“礼”开始，迈入成功的职场生涯

◎ 有礼有貌，没有谁会不喜欢你

◎ 摆脱象牙塔里的学生气，不懂礼如何赢得尊重

◎ 好的形象，是你职场成功的开始

◎ 提高自我修养，不能太以自己为中心

◎ 电梯哪里都有，但里面的礼仪又知多少

◎ 社交礼仪，职场的另一种语言

◎ 放低姿态，虚心是一切成功的开始

有礼有貌，没有谁会不喜欢你

俗话说：礼仪是进入职场的第一要素。要想给同事及领导留下好印象，就必须注重自己的礼仪。一个人的礼仪是映射他内心世界的镜子，通常懂礼仪的人，内心世界也更温和，更容易得到他人的喜欢。

一般而言，一个具有优雅气质、谈吐不凡的人总是很受欢迎的。在职场的交际中，外在的行为举止就是同事们对你的大部分印象。一个人连礼仪也做不好，别人还怎么相信你呢?

杜伟是学精算的，从国外留学回来，非常有才华。对于任何人提出的相关问题，他都能迅速做出回答。曾经有几个关系比较好的朋友一起给他出题，频率非常快，杜伟依然对答如流。

但是，这么优秀的杜伟竟一直找不到好工作，很多人对比感到不解。

如丝之前跟杜伟有过一些往来，她是一个非常懂礼仪，行为举止非常优雅的人。“我跟杜伟不是一路人，我实在不喜欢不懂礼仪的人。”

如丝的话道出了重点，杜伟是个非常邋遢、不注重外表也不懂礼仪的人。他太过大大咧咧，不拘小节。

有一次，杜伟到如丝的公司面试，如丝负责接待他。当时，他穿着邋遢，帽子也戴得歪歪扭扭，一进门连招呼也不打，直接大摇大摆地坐下。

"你能说说你有什么优点吗？"如丝一看这个人就很反感，但还是耐着性子跟他交流。

"我优点可多了，我很有才华。"杜伟一点也不谦虚。

"先生，你对礼仪是怎么看待的？"如丝的语气中不由得带着一丝嘲讽。

"要看一个人的真实才华，不能以貌取人。"

"先生，你说得不对，一个连礼仪都不注重的人，你还能指望他做什么呢？你的帽子都是歪的，我很难相信，你做事会勤勤勉勉、一丝不苟。"

就这样，杜伟因为不懂礼仪被淘汰了。

很多时候，个人的礼仪就代表了他的形象。与懂礼仪的人相处，气氛会更和谐融洽，整个交往过程会变得顺畅，这就是礼仪的魅力所在。

有些人在职场中，行为粗鄙、态度恶劣，任何人看到他们都会敬而远之。

每个人的喜好不同，有的人喜欢潇洒有风度，有的人喜欢温文尔雅，有的人喜欢直率坦诚等，但不管怎么说，这些都是美好的象征，只有懂礼仪，才能塑造出更完美、更受欢迎的形象。

某心理学家说过，**在职场交际时，他人对你的评价也就短短几分钟，这几分钟里如果给人留下懂礼仪的印象，你就等于获得了大家的初步认可。**

因此，我们的各种外在信息在社交中都有举足轻重的影响，如果没有得体又优雅的外在形象，就很难给他人留下好印象。

有些人对此也存在质疑，说注重外在礼仪是以貌取人，事实上并非如此。懂礼仪，是对他人的一种尊重，知礼、守礼才能保证正常的交往。很多有经验的职场人士，在交际时总是表现得知书达理，这是对他人的尊重，反过来，这样的人也会得到他人的尊重。

是否懂礼仪直接影响了同事们交往关系的发展，决定了对方对你的印象，所以，在与人交往时，一定要绷紧脑子里的弦，行为举止非常重要，千万不能不当回事。

那在职场中我们怎样才能维护好自己的形象，怎样才能不算失礼呢？懂礼仪，要从以下几个方面开始。

首先，在与同事交际中一定要守时，这是对人基本的尊重，也是自己内涵的展现。在正式场合，很多人都无法接受对方的迟到。先不说交往怎么样，迟到的人在态度上就有问题。

其次，在交际时一定要尊重对方，专心与对方交流，不能心不在焉。如果我们说话时，对方心不在焉，或者答非所问，我们肯定会很生气，这是对人极大的不尊重。

在听人说话时，要注视对方的眼睛，面带微笑，并不时地点头，表示自己在听，并且很感兴趣。

在此期间，如果没有重要的事，不要东张西望，不要频频看时间。

在沟通时专心认真是对他人基本的尊重，也是必备的社交礼仪。为此失礼，肯定会让自己的形象受损。

另外，在办公室中不要过多地询问他人的隐私，要懂得适可而止。有的人认为，跟对方聊得更深入会更好，其实不然，在涉及隐私问题时，一定要懂得避讳。尤其是刚进入职场时，如果话题太过私人化，对方会感觉不舒服，甚至感觉你居心不良。

女性同事的年龄、健康状况、婚配问题等，最好不要随便问。如果想知道，也要等到相熟之后再询问。

礼仪是一个人内在修养、外在素质的重要体现，也是在职场交际中的必要手段。很多时候都要注意规范自己的行为，不要因为失礼而影响了自己的形象。一个懂礼仪的人才能给同事和领导留下深刻的好印象，让大家都喜欢你。

礼仪点睛

现代职场越来越注重礼仪，在社交中，它几乎成为一个很明显的标志，越来越表现出无可替代的重要性。因此，用礼仪塑造自己的良好形象就成为必修课。不失礼，才能在职场中如鱼得水，让人人都喜欢你，助你取得更高的成就。

摆脱象牙塔里的学生气，不懂礼如何赢得尊重

刚入职场，身上难免还带着学生气。但职场不是学校，同事不是同学，相处的时候，如果你不懂得及时调整心态，尽快将自己切换到职场这个大环境中，将很难获得同事的认可。对方也许只会把你当成不懂事的"小孩"，而不是能与他并肩合作的同事。

很多的人并没有认识到这一点，在步入职场以后，根本不能尽快地转变自己的角色，在工作中不能做到顾全大局、考虑周全，在职业礼仪和素质方面也掌握得不够全面，因此，很难融入环境。

《论语》记载，有人问孔子，怎样才能成为一名君子？孔子的回答是：

“兴于诗，立于礼，成于乐。”也就是说，如果想成为君子，要先读懂《诗经》，让自己变得有文化；但要想变得成熟，就必须学习礼。由此可见，礼仪是一个人摆脱“学生气”，走向成熟的标志。

陈韬大学毕业后，顺利地成为一家饮食设备公司的市场专员，工作主要是负责销售一些一体化的系统以及市场推广工作。陈韬的专业技术很扎实，因此曾先后参与制定、决策、完成公司的两种质量体系的认证工作。但由于工作本身需要涉及市场营销，因此陈韬认为这与自己的职业期待不相符，在干了一段时候后，他选择了辞职。

随后，他又应聘到一家专门从事物流的公司，担任物流部的主管，主要负责物流部的组建、策划、业务开展、建立供应链等一系列工作。陈韬本以为自己有足够的能力来应付，但在具体工作中，他却遇到了很多问题。比如在上下级关系的处理上，陈韬常常是顾得了东顾不了西，无法把各个环节处理好，陈韬认为过多的人际交往阻碍了自己专业技能的发挥，于是他再次跳槽。

遗憾的是，尽管他又成功进入几家公司，但待的时间都不长。他总认为公司安排给自己的工作根本不能让自己的专业技能得到发挥，谨小慎微的说话方式和复杂的人际关系，使他无法在公司里干下去。

为什么会出现这样的情况呢？其实原因就在于陈韬过于注重专业技能的发挥，而忽视了自己作为职场新人，与同事及上下级的交流以及对周围环境的适应。其实陈韬的工作经历，也正是如今很多职场新人所遇到的问题。他们忽视了**在职场中，专业能力只是把工作做好的一个方面，而人际关系、思考问题的角度和处理问题的方式，同样也在很大程度上决定着工作的成败。**

因此，职场新人要想成为一名真正的“职业化”人才，就必须摆脱自己的"学生气"，提升自己待人接物和多角度思考的能力，把自己看成一个与同事共同工作的人，而不是一个学生。

那么如何打造自己的"职业化"、摆脱"学生气"呢？以下几点可以参考。

▲ 少说话，多观察

很多职场新人总是眼高手低，不善于控制自己的情绪，在没有弄清问题时就高谈阔论。在学校里，老师对此都会抱以宽容的态度，因为师生间不存在竞争关系，但在职场中，如果还是想说什么就说什么，可能就会吃亏。因此，少说话、多观察思考才是最重要的。

▲ 少谈理论，多实践

很多职场新人容易犯纯理论的毛病，但理论成立的前提往往有诸多严格的假定条件，理论和实际之间是有差距的。因此，更多的时候，我们要少谈理论，脚踏实地，用实践缩小差距。

▲ 少称兄道弟，多学点职场礼仪

有些新人在进入单位后，可能会遇到熟悉的人甚至领导，也许是你的师兄师姐，也许是你的亲戚朋友。一定要记住，在工作场合不要表现得过于亲昵而显得毫无拘束，这是最起码的职场礼仪。我们要多学习同事之间的相处之道，没有人能够在几天之内就成为你知心的兄弟姐妹，这毕竟不是校园，同事之间毕竟存在着利益关系。

礼仪点睛

尽管你的专业能力很强，但对于职场来说，职业化将更为重要，毕竟工作不仅需要你具备必要的知识，它也需要你能够发挥本领解决工作中的难题，用自己的行为担负起工作的责任。所以，职场新人要想在工作中做到游刃有余并谋得发展，尽快摆脱“学生气”就是你的首要任务。只有这样，我们才能尽快地进入职场角色。

好的形象，是你职场成功的开始

每一个成功者都由两个方面的素质组成：一是内在精神力量、气质修养；二是外在的衣着服饰、言谈举止。这两个方面的素质缺一不可。无论缺少哪一方面，给人的印象都是一个不完整的半圆。没有内在精神力量，根本不可能成功。只有那种精力充沛、奋发向上、勤奋努力的人才会在事业上奋斗不息，才会成为一个成功者；而一个成功者，同时在外表上，也应该是一个利索、精干、洒脱、举止大方的人。尤其在职场上，如果很拖沓、衣饰不整洁，就无法给人留下良好的印象。

五年前，阿强毕业于中国一所名校的经济系。那时，他是一个追求独特个性、充满了抱负和野心的年轻人。他崇拜比尔·盖茨和史蒂夫·乔布斯这两个电脑奇才，追随他们不拘一格的休闲穿衣风格，他相信“人真正的才能不在外表，而在大脑”。对那些为了寻求工作而努力装扮自己的人，他嗤之以鼻。他认为真正珍惜人才的现代化公司不会以外表来衡量一个人的潜力。如果一个公司在面试时以外表来论人，那么这也不是他想要为之效力的公司。他不仅穿着牛仔裤、T恤，还穿上一双早已落伍的鸭舌口黑布鞋，他认为自己独特的抗拒潮流又充满叛逆性格的装束，正反映了自己的思想和才能具有独特创造性。

然而，他去外企一次次面试，却一次次以失败结束。直到最后一次，他与同班同学被某外企公司召去先后面试。他的同学“全副武装”，发型整齐，面容干净，西装革履，手中提了个只放了几页纸的皮公文包，看起来俨然是成功者的姿态，而自己依然是那套“潇洒”的“个性装”，外加代表“性格宣言”的黑布鞋。他进入面试的会议室时，看到共有五六个人，全部是西服正装，他们看起来不但精明强干，而且气势压人。他那不修边幅的休闲装，显得如此与众不同、格格不入，巨大的压力和相形见绌的感觉使他恨不能找个地缝钻进去。他没有勇气再进行下去，终于放弃了面试的机会。他说：“我的自信和狂妄一时间全都消失了。我明白了一个道理，我还不是比尔·盖茨。”

对于一个现代职场人士来说，要注意在衣着服饰上下些功夫。穿一套好的服装，会使你显得精神抖擞、信心百倍，同时还会给人留下一种干练的印象。相反，如果你自以为是，穿着一些自认为特立独行、彰显个性的服饰，不仅会给人留下不好的印象，而且对自己的事业发展也没有多大帮助。

形象，并不是简单的穿衣和装扮外表的概念，而是一个综合全面素质，外表与内在相结合的流动的印象。站立、步行，虽然这些动作都很简单，其重要性却不言而喻。有些朋友，虽然跳舞技术并不高超，但他的举止却十分优雅：站有站相，坐有坐相。话虽简单，但是想做到这样并不容易。

礼仪点睛

形象的内容太广泛了，它包括你的穿着、言行、举止、修养、生活方式、知识层次、家庭出身、开什么车、与什么人交朋友……这些都在清楚地为你下着定义——无声而准确地讲述着你的故事——你是谁、你的社会地位、你如何生活、你发展前途如何……形象的综合性和它包含的丰富内容为我们塑造成功的形象提供了很大的回旋空间。

提升自我修养，不能太以自己为中心

大家不难看出有这样一群人，他们总是自我感觉良好，做事时都只以自己的意愿为中心，要求所有人都为自己服务，却又置其他人的需求于不顾，不愿为其他人做哪怕一丁点儿的牺牲，对他人漠不关心。这主要表现在：极少关心别人，与他人关系疏远；固执己见，唯我独尊；自尊心过强，过度防卫，有明显的嫉妒心。

总的来说，这种人心里只有自己，却从来没考虑过别人，崇尚的是“人不为己，天诛地灭”。究其原因，这种人以自我为中心，有着严重的个人主义思想。

毫无疑问，这种自我意识对人的发展有百害而无一利，这不仅严重影响了个人的形象，也影响了良好思想的形成。由于过度追求个人的利益，导致他们放弃了自己的崇高理想和远大抱负，因而也会失去良好的人际关系，没有任何人会愿意同这种自私的人合作共事或终生相伴。可以说，这种人最后只能是得不偿失。

坦白地说，任何人都会有一点自私的思想。尤其是现今大多都是独生子女，从小就生活在一种相对独立的生活状态中，他们是整个家庭的核心。中国的父母和其他长辈大多都过分地爱护自己的孩子甚至是溺爱，每做一件事都必先考虑孩子，使得孩子们在不知不觉中就养成了自私自利的坏习惯，不能全面地思考问题，使他们忽视了别人的感受，只会考虑自己的利益。

毕业于北京某大学的高才生卢刚就是一个典型的例子。卢刚是一个非常聪明的人，他和另一位中国农村学生林华在1985年进入了美国的爱荷华大学。卢刚在1991年获得了物理学博士学位，当时他年仅27岁。卢刚性格内向，他从小学习成绩就很好，经常在各种比赛中获奖。在这样的成长过程中他逐渐形成了以自我为中心的思想，总觉得自己比别人优秀，对身边的人感情淡漠。他心胸狭窄，不喜欢和别人交流，更不愿意听别人的意见。在和别人交往的过程中，他经常表现出一副很自我的样子，处理问题“非黑即白”。和卢刚相比，林华性格开朗，善于和各种人交朋友，深得导师和同学们的喜欢。他们的导师是一位著名的天体物理学家，并且对他们俩要求非常高。慢慢地，卢刚对林华产生了嫉妒和怨恨的情绪，认为他们的导师在评奖学金时对自己不公正，在1991年11月1日下午枪杀了包括导师在内的三位教授和同学林华，之后自杀。人们在震惊之余，也为一个英才的泯灭而惋惜。试想，如果他的心胸不那么狭隘，可以容得下别人，那么这样的悲剧就不会发生了。

其实每个人都想获得利益、避免伤害，这是人类的天性。如果可以，我们每个人都想要按照自己的想法，以使自己获得最大利益的方式来与别人相处。可是，人总是被相互影响和制约着，在这个系统中，每一个变量的改变都会对整个系统最终的走向产生深远的影响。就像蝴蝶效应中说的那样，可能美国太平洋海岸的一只蝴蝶仅仅是扇动了一下翅膀，结果就引起了日本的一场海啸风暴。事物的发展往往不是按照哪个人的意愿进行，虽然有很多人试图这么做。社会学家们指出，人际交往中最简单、最实用的原则就是“你喜欢我，我就喜欢你”，所以，你若想得到别人的欣赏和尊重，你首先要欣赏和尊重别人。人类的发展与和谐就是在这种相互制约的制度下平衡的。倘若每次都抱着“宁教我负天下人，休教天下人负我”的心态，那么你离“为天下人所负”也就真的不远了。

有人这样说过，你能够在某段时间骗到所有人，你也能在某段时间骗某个人，可是你不能在全部的时间里骗到所有人。你是什么人，大家迟早能够把你看出来。到那个时候，你所辛苦建立起来的信誉就会像多米诺骨牌一样迅速倒掉，再怎么后悔也都来不及了。因为人际关系是一种互动中的平衡，若是你不幸违背了这一原则，那么你很快就会得到教训。曹操就得到了现世报，他刚刚把话说出来，陈宫就默默想：“我将谓曹操是好人，弃官跟他，原来是个狼心之徒，今日留之，必为后患。”于是，就想把曹操杀了。虽然，陈宫最后没有把曹操杀了，但也决心不再辅佐曹操。对曹操来说，失去陈宫是一个非常大的损失，因为他从那以后失去了一个能够真正帮助他的人，多了一个非常聪明的敌人。可见“宁教我负天下人，休教天下人负我”这样的话，也只是曹操的想象而已，说出来都会惹麻烦，更不要说去做了。除非你脱离了这个社会。

每个人都要现实地面对这个社会，在这个社会中每个人都有自己的欲望和要求，并且享有相应的权利和义务，如此一来，就很容易出现矛盾，因为现实不可能满足所有人的愿望。**我们要客观地面对现实社会，学会礼尚往来和包容，当然我们也不应该放弃自我权利和欲望的满足，但不能一味地为自己考虑。要是每个人都以自我为中心，大家都不会有好日子过。**

跳出自己的圈子，多为身边的人想想，学会理解别人，并且学着尊重、关心、帮助身边的每个人。只有这样，在你需要帮助的时候别人才会伸出援助之手，在这个过程中你可以体验人生的价值与快乐。学会尊重别人，要善于学会发现别人的优点和长处，我们都应该知道人有多样性，我们生活在这个世界上是相互依存的，没有任何人能够独立地生存在这个世界上。

礼仪点睛

要提高自己的修养，就要明白自我意识的不现实性和不合理性。要学会控制自我的欲望与言行。满足自己的利益一定要合情合理，在不伤害别人的基础上，留点关爱给别人，留点公心给自己。

电梯哪里都有，但里面的礼仪又知多少

如今，在快节奏的城市里，电梯早已是人们司空见惯的运载工具。对于每天穿梭于城市高楼大厦的上班族，每天上下班乘坐电梯，更是“家常便饭”。可是，不少人都有关于电梯的“不愉快记忆”，要么被电梯夹过，要么没有赶上得等下一趟，或者不小心碰到别人，以致尴尬万分。

据研究，人与人之间的距离要保持在1.2米以上，才不至于引起人的不安。0.5米到1.2米之间，则是朋友之间的距离，亲人、恋人之间的距离最近，为0.5米以内。电梯的空间本来就非常狭小，如果又恰逢上下班高峰时段，站在拥挤的空间里，人与人之间就会处于一种不安和紧张状态。如果再不注意礼仪，就难免会出现一些尴尬的情况。

董青在一家写字楼上班，上班环境优雅舒适，唯一让人头疼的就是上下班时乘坐的那部电梯。因为写字楼几乎都是上班人士，电梯却只有两部，每逢上下班高峰期，电梯口外总是聚集着大群等电梯的人。容纳面积如此小的两部电梯，根本就不可能一次完成运载任务。

有一次到了中午，写字楼很多人准备下楼吃午饭，于是，人们纷纷拥进了电梯间，此时，人与人之间已经无法挪动了。董青正好也要出去吃饭，等她钻进电梯后，找了个位置站住脚，想也没想就站在原地不动了，没想到有一位外商模样的客人突然要在5层下，而董青正好挡住了他。于是他很不客气地丢出一句："小姐，请你不要成为拦路人。"董青开始还没反应过来，等到电梯门打开的时候，她才恍然大悟。在她身后很多人都齐刷刷地望向她，当时她真想找个地缝钻进去。

乘坐电梯，也算是很多办公室白领的一个"公共场所"，但是在人来人往的电梯门口，我们也要学会做一个有素质的人。尤其是**人多且又特别拥挤的时候，良好的素质不仅能显现出你的教养，而且还能为你的形象增光添彩**。下面就是一些我们常用的乘坐电梯时的基本礼仪，供大家参考。

当电梯门口处已经有很多人在等候时，请不要拥挤或者挡住电梯口，以防电梯内的人出来时没有过道。当电梯抵达时，应该先让电梯上的人先出来其他人再进入，不要争先恐后，要有次序地进出。

离电梯最近的人应该先进入电梯，然后为后面的人按住开门的按钮；当要出电梯的时候，靠电梯最近的人先走，其他人再依序出来。

男士、晚辈或下属应站在电梯开关处提供服务，并让女士、长辈或上司先行进入电梯，自己再随后进入。与客人一起搭乘电梯时，应为客人按键，并请其先进出电梯。

在电梯里，尽量站成“凹”字形，挪出空间，以便之后进入者有地方可站。

进入电梯后，每个人都应正面朝电梯口，以免造成面对面的尴尬。电梯开门后，在前面的人应站到边上，必要时应先出去，让别人出去后自己再进来。

即使电梯中的人都互不认识，站在开关处者，也应做开关电梯的服务工作。

另外，除了这些不要成为“挡路人”的礼仪规则外，还有一些事项也是我们在乘坐电梯时应该注意的礼仪。

▲ 当我们按按钮时，轻触即可，不用反复按。

▲ 通常每个电梯里都有防重装置，当警铃响的时候，说明已经超出了承重范围，那么最后一个上电梯者要自动退出，等待下趟，否则就会招来他人的厌恶，不要抱有任何侥幸心理。

▲ 电梯这个特殊的空间使陌生的人都不得不“摩肩接踵”，这会令人在心理上、生理上都感觉到不适。因此，我们一定要注意保持身体平衡。不要在人多的时候还忙着整理你的衣服、头发，甚至化妆，否则，不管是无意中触碰到了他人，还是化妆品的香味，都不会让其他人对你产生好感。

礼仪点睛

其实，在乘坐电梯时还有许多细节值得我们注意。比如，遇到同乘电梯的人不方便按电梯楼层数字键时，离数字键较近的人只需动动手就能解决问题，这种举手之劳不仅会换来相互间的尊重，也是文明交往的体现。

社交礼仪，职场的另一种语言

一个人的行为举止好似一面镜子，可以反映出这个人的知识水准、道德修养和文化蕴含。在生活中，无论男女都要在举止上体现出个人风度的不同特色，要谦恭、庄重、温和。

在日常生活中，人的举止时刻都在表露着人的情感、思想以及对外界的反应。虽然它表现着自觉性，可又是不自觉的。所以，社交礼仪将举止视作人类的一种无声语言，又称为副语言或第二语言。**正如达·芬奇所言："从仪态了解人的内心世界，把握人的本来面目，往往具有相当的准确性与可靠性。"**

我们在日常生活中经常会碰到这样的人：他们或异常漂亮，或仪表堂堂，可是在举手投足间却透出俗不可耐。这种金玉其外、败絮其中的人，只能招致别人的厌恶。在社交活动中，如果你想要给对方留下深刻而美好的印象，固然需要外在的美，但大方得体的举止也是非常重要的。所以我们应该从日常生活中的举手投足等方面有意识地锻炼自己，使自己养成良好的行、坐、站姿，做到举止端庄、风度翩翩、优雅得体。

陈菲菲是一位外资公司的客户服务人员，她长得非常漂亮，总能给人眼前一亮的感觉，她的学历和能力在公司里也是一流的。但由于她是家中的独生女，一些习性很不好，所以进入公司两年多了，也只是一名普通的员工。

得不到升迁，这让陈菲菲甚是苦恼，她也明白是自己的举止行为拖了后腿，可是想改掉，却是如此之难。比如开会的时候，陈菲菲总会有意无意间趴在桌子上，让在座的领导和同事都对她冷眼相看；与同事聚餐时，她会时常拿出小镜子和木梳子来梳理头发，甚至还会让几丝乱发不听话地飘到餐桌上，这让其他人甚是厌烦；最要命的是，也许是陈菲菲对自己的外表过于自信，在走路的时候总是扭着屁股，让人看着非常另类。而且陈菲菲还有许多类似的不良举止习惯。有时与客户相处时，她的这些不好的习惯也会让客户很不满意，从而使公司的形象受到影响。后来她终于接到老总的警告，让她迅速纠正自己的不良举止行为，否则就请她另谋高就。

虽然陈菲菲不管在颜值还是在工作能力方面都很优秀，但因为没有养成好的习惯，不懂得日常生活和工作中的礼仪，不但让自己的职场生涯受挫，也让公司的形象受到影响，可见，得当的举止对职场人士来说是多么重要。可如何做到举止得当呢?

举止得当，也就是说要站有站相，坐有坐相。一个人在站立时要保持身体正直，不能耸肩驼背、东倒西歪。其身躯从正面看要正直，头、颈、身躯与双腿要与地面相垂直；从侧面看，下颌微收，挺胸收腹，眼平视前方，使整个身体显得平稳、庄重。双腿间的距离也不要过大，不要超过一脚。如果站立时间较长，可以一腿支撑，另一腿稍弯曲。站立交谈时，随着谈话的内容，双臂可以做一些手势，但不宜交叉在胸前或插入裤装里，更不要摆弄些小物品，因为这样不但显得不庄重，而且也让人感觉缺乏自信。

当你在坐着的时候，也要姿态端正，不要双腿抖动、东倒西歪，也不要跷着二郎腿，把一条腿放到另一条腿上。如果背靠在座椅上，应该使上身保持正直，微向前倾，双肩平行，自然下垂。可以把双手随意放到膝盖，双腿并拢，双脚也要自然着地。靠在座椅上时不宜仰靠，露出懒散的样子。

走路时，身体也要保持正直，眼睛应平视前方，不要左顾右盼。身体不要过分地摇摆，双腿要有节奏地交替向前迈开，步履轻捷，不要拖拉，两臂在腰身的两侧自然摆动。

大方得体的举止会显得有风度、有修养，从而给人们留下美好的印象。当然，文明举止并不仅仅是以上讲的这些，一定要从日常生活中的细微处注意自己的行为。

礼仪点睛

在社交场合要有意识地、恰当地运用礼貌举止，既不要过于傲慢，也不要过分谦卑。做到礼貌周到，举止得当，将你的教养和风度充分地体现出来。在尽展魅力的同时，你也很容易成为受大家欢迎的人。

放低姿态，虚心是一切成功的开始

有一句在职场中广为流传的话，“不会做事不要紧，但态度一定要好”。毕业生初入职场，对业务不熟悉，不知道从何入手，这些都没关系，因为这些都可以慢慢学。但是作为一个职场新人，假若你的态度不好，不懂礼貌，而且眼高手低，不能很好地与同事相处，那么就没有人会愿意帮你，这时候，恐怕你连学习的机会都要失去了。

吴过从某名牌大学毕业后，就开始了他的职场生涯。一年后，他升职为小组的负责人，比同期入职的人更早得到晋升。很多人问他，是否他的名牌大学学历让他领先别人一步，他笑着摇摇头，道出了他的升职之道：

一进入公司，他就把自己的位置摆得很低，不管是CEO，还是经理、前台，甚至清洁工，吴过一律面带微笑，谦虚低调。有一次，主管给新人布置任务，一位同期来的同事大声问主管“你刚才说什么，我没听清楚”时，吴过走上前说：“领导，请您再说一遍，不好意思，我没听明白。”当同事问他在大学的生活时，他笑道：“逃课，挂科，吃喝玩乐，我们都是一样的。”朋友知道自己和吴过有差距，但也着实喜欢吴过的低调，就好像找到了自己的知己，与吴过做起了好朋友。

而在业务上，吴过则积极进取，领导安排的工作，就算是发传真，他也会认认真真地完成。其他人对于领导安排下来的传真工作，是传完则止，而吴过则多了一份细心，传真发出之后，他一定会确认对方收到，即使是发电子邮件也是如此。久而久之，其他与他同期来的同事与他的差距就愈加明显了。

吴过的成功告诉职场新人一个道理：认真工作，不代表工作能力低，这是快速适应新环境最好的办法，能在职场有一定地位的老员工都是精明能干的人，他们可以从一个人的做事态度中了解这个人。在职场上有经验的领导不会因为你的低姿态而真正轻视你。低姿态不代表一个人没能力，这仅仅是在职场中先扬后抑的一种表现，后来居上才是你的最终目标。职场新人“软着陆”是一种智慧，成功着陆后就要蓄势待发，为职场上的飞跃迈出更大的一步。

李胜获得计算机博士学位，现在于某IT公司任技术总监，在这个高薪厚职的背后隐藏着李胜当年找工作的辛酸。有谁会知道，当初他博士毕业后也在家里待了半年，即使是后来找到了工作，也只是在一家公司的办公室里打杂。

当初，李胜毕业找工作时就抱着非500强不去、不做管理层不干的态度，致使他求职时遇到许多困难，因此对他来说，毕业即失业，在家里待了大半年。那时候，与他一起读博士的所有同学都找到了工作，虽然收入也没当初他们自己想象的高，但是有收入总比什么都不干的好，一位昔日的同窗好友这么告诫李胜："你别总想着自己是个博士，什么都不愿意干，你先得让别人了解你，知道你有能力。"

这句话让他顿悟了，后来他摆正自己的位置，把自己的博士文凭收了起来，只拿出本科文凭，最后很快被一家电脑公司录用了，当然因为他是新人，经理只让他做一些办公室的杂事，并且叫他和其他同事合作完成一些项目，对此，李胜毫无怨言。老板最初给李胜的工资比一般本科生还略逊一筹，但是李胜很认真地对待自己的工作，一段时间下来，全公司的人都很喜欢他。

半年后，李胜在公司小结上发现了一些公司程序上的错误并且报告给老板。老板很满意他的表现，并且给他升职加薪作为奖励。不久，老板发现他的程序设计和经营管理水平明显比公司其他管理人员和专业人员高出一筹，感到非常奇怪。此时，李胜终于亮出自己的博士底牌，老板先是一惊，怪自己这么久以来大材小用，决定重金聘用他，让他负责全公司的业务运作。

对于每个找工作的人来说，要选择自己感兴趣并且能胜任的工作，而不是与学历或期望值相符合的工作。因此在找工作的时候，要把自己摆在一个正确的位置。同时求职者也应检讨自己，找不到与自己学历相符的职位，是不是自己存在某些欠缺或求职中未能向企业全面地展示自己的能力和信心。

礼仪点睛

低姿态在工作的前三年中特别重要，在这三年里，如果你降低要求、放低姿态，不仅能够帮助你赢得好人缘，而且还能够给自己提供一个宽松的学习环境，下一步你需要做的就是厚积薄发、后来居上了。

第二章 做有礼青年，与同事迅速打成一片

◎ 怎样恰当地称呼，才能显示出你的礼貌

◎ 不要谈论自己，更不要打听他人的隐私

◎ 步入职场，你就没有了口无遮拦的权利

◎ 认真倾听，是礼仪更是尊敬

◎ 微笑，这是职场中百年不变的礼貌

◎ 初入职场，低调一些又何妨

◎ 办公室大吵大闹，缺少最基本的职场礼仪

◎ 职场规则，来而不往非礼也

◎ 注意言行举止，莫要成为职场中的靶子

怎样恰当地称呼，才能显示出你的礼貌

有人说，在职场上不注意称呼的有两大人群。一种是年龄大、资格老的普通员工，而另一种就是职场新人。他们不知道该如何称呼自己身边的人，结果常常胡乱地称呼，给自己带来不必要的麻烦。

那么，我们应该怎样称呼呢？首先需要我们注意的就是名称。其实对于同事的称呼并不是绝对化、固定化的，在不同的情况下，我们对同事应该有不同的称呼。作为职场新人，我们要特别留心观察其他同事是如何称呼的，特别是那些与自己资历一样、职位差不多的同事的称呼。要知道，一个职场称呼，能够拉近下级、同事之间的关系，而运用得不恰当则可能会给我们带来不必要的烦恼。

曾坤刚参加工作，见到同事的时候总老师长、老师短地去求教，大家对他的这个称呼并不在意，没过多久，他就和周围的同事混熟了。

但曾坤发现，并不是所有人都适用于这个称呼。每当他称呼一位姓吴的同事“吴老师”时，对方总是会皱起眉，对他的招呼也爱搭不理的。曾坤很是纳闷，自己并没有什么地方得罪他啊！后来经过侧面打听，曾坤才明白，原来老吴不管是在学历上还是工资待遇上都不如自己，至今还是一个普通的

办事员，因此在听到曾坤称呼他为老师的时候，认为曾坤是在故意讽刺他，心里大为恼火。

可见，在不明白情况的时候，千万不要乱称呼，特别是当我们在面对公司里的女同事时，不要张口就“大姐”“阿姨”地乱叫。对于女性来说，永远希望自己是年轻的，如果我们在称呼上把她叫“老”了，换来白眼是小事，若在工作上不配合，那么我们就要遭殃了。

在当今很多企业里，都会有它自身的企业文化，同事之间的称呼其实就是企业文化的一种外在体现。一个企业以什么类型的称呼为主，这与企业管理者的风格、个性有紧密联系。因此在新进一个单位的时候，我们要能够熟知它的企业文化，把握准企业文化，称呼就不容易露怯。

在那些以氛围自由而著称的欧美企业中，无论是同事之间还是上下级之间，彼此都会用英文名来称呼，即使是老板也如此，没有什么职务之分。如果你用职务来称呼别人，反而会让人产生一种格格不入的感觉。因此如果你是在这样的企业工作，那么最主要的就是先给自己取个英文名字。

在那些基本上由学者创办的企业里面，比如报社、电视台、文艺团体、文化馆等，则非常适合彼此以“老师”称呼，因为这些单位里面文化气氛都比较浓厚，“老师”的称呼能够表达出对一个人学识、能力的认可和尊重，因此是文化单位职业人的称呼首选。

在那些国有企业或者等级观念较重的韩资、日资企业，则相对会以本身的行政职务来称呼，比如刘局长、赵书记、朴社长等。

而在私下里，同事之间的称呼就会变得随便一些。比如对于那些男性长者，我们可以在姓后面加个“兄”或者“哥”字，也可以直呼为“老兄”“哥们儿”，需要注意的是，使用这些昵称的时候一定要注意场合，把握分寸。

对于新人来说，在称呼上有三个原则需要我们掌握。

▲ 表情、语气要到位

如果我们想要准确地称呼一个人，那么除了根据对方的职位、工作单位性质、场合、年龄、性别等把握好分寸外，我们的表情和语气也是非常重要的。特别是称呼地位比较高的人时，眼神、表情、语音的高低、腔调等都非常关键。如果声音比较低沉、语气比较平静，对方以及在场的人士会觉得你要么没礼貌，不懂得尊重别人，要么性格内向，表现拘谨，不够大方。但如果叫得过于热情，会被认为为人势利。称呼任何人时都要注意自己的表情和声音，让在场的人感觉到你热情、落落大方，又不卑不亢。

▲ 主动张口问

如果刚到一家新单位，首先要注意身边的同事是怎么称呼别人的，不要冒冒失失想当然地去称呼同事。如果你实在不知道该怎么称呼，不妨客气地询问对方一下："您好，我是技术部新来的杜威，不知道该怎么称呼您？"这时候对方一般都会把同事的习惯称呼告诉我们。

▲ 多动笔

也许你的记忆力不是很好，仅仅凭脑力不可能把所有人记住，那么你不妨带着一个笔记本，大体记一下同事的姓名，在后面加上身体特征、所负责的工作等，这样就能保证自己在下一次能够张口喊出别人的名字了。

礼仪点睛

职场有职场的规则和礼仪，而称呼是每一个职场新人都需要学习的礼仪。在学校我们要有尊称，在生活中我们也要有尊称，在职场中同样不例外。如果每一个新人都不留心学习如何称呼同事和领导，那在职场就很难待得顺风顺水。

不要谈论自己，更不要打听他人的隐私

职场是一个付出并获得收益的地方，而同事是你最好的伙伴。在单位里一定要管住自己的嘴，切记同事不是密友，你说出的言论很快就会传遍整个公司。

朱宁是个刚刚进入公司的年轻人，他性格开朗，为人直率，进入公司后和同事们相处得也都不错。由于公司有内部食堂，所以中午同事们大都聚在一起吃饭，嘻嘻哈哈，特别热闹。朱宁刚进公司，一脑袋的主意和意见，正愁没地儿去说，于是，中午的餐桌上，经常能听见朱宁慷慨激昂地点评公司的政策、现状、客户，甚至公司许多其他同事的情况。慢慢地，朱宁发现自己的饭桌上越来越冷清了。有的时候，他特意跟别人坐一桌，别人也只是低着头吃饭，吃完就走。而且他还发现，自己跟同事们的关系也慢慢冷淡了下下来。

有一次，公司一位快退休的人告诉朱宁："小伙子你人不错，就是话多了点，说实话，你说的有些话我不太爱听。我不爱听没啥关系，要是换成你的顶头上司或者跟你有利益冲突的同事，那你就得多多小心了。小伙子，可能你还没有'上路'，就因为话太多而得罪别人，遭到他人的报复。年轻人，少说点话没关系，千万别多说。"听了这位同事的话，朱宁觉得很困

惑，自己真的是错了吗?

的确，相信很多职场新人都有这样的困惑，难道在公司里连话都不能说吗？是的，**聪明的公司职员都是不该开口就绝不开口的人，因为他们知道，“乱说话”对于职场人而言是多么致命的硬伤！职场新人切记：不要谈论自己，更不要议论别人。**如果你非常喜欢评头论足，这对你的声誉绝对是有害无益的，最终你将会成为大家都不愿意交谈和信任的人。当你刚加入一个新的团体，或一家新的公司时，新环境里自然会有很多令人耳目一新的事物，但你首先要学会的不应该是高谈阔论，而应该潜心、细致地观察和思考。当然，我们所说的少说话不是让你一句话不说，该表明自己立场的时候还是要说，不懂的该问的还是要问，否则你将同样面临失败。

许多刚走出学校的毕业生都有一个相同的毛病，心里一有什么事，总需要找个倾诉对象。还有的人，不分场合，不分时间，见人就说。其实这样也没错，好的东西和别人分享，坏的东西更是不能放在心里，你可以说，但是不能随便找个人乱说，因为每个人看待问题的态度都是不一样的。说心里话的时候一定要分清场合和对象，该说的说，不该说的一定不能说。

王平刚参加工作时，想法很单纯，像学生时代那样与朋友无话不说，经常把自己的内心想法告诉别人。他刚工作不久，就因为表现突出成为部门经理的候选人。可他一次无意中和同事们透露，董事长和他的父亲是好朋友。于是，大家就把所有注意力放在他和董事长的私人关系上了，完全忘记了他为公司做过些什么。最后，董事长为了显示“公平”，任命了另外一个能力和他差不多的职员为部门经理。

如果王平能够把秘密藏在心里，可能他就不会错过这个升职的好机会。大学刚毕业的年轻人要记住一点，领导们都喜欢公私分明的员工，敬业的含义不仅是努力工作，更重要的是代表着你能以大局为重，不把私人的感情带到工作中。

每个人都要注意保护隐私的尺度，到底什么时候需要保护隐私呢？我们每个人的信息可分为绝对隐私、非隐私、相对隐私三大类，前两种较好把握。例如，对你的工作产生影响的背景、人脉都会影响别人对你的看法；与上司个人的社会关系、重要人物的私交等信息，都是属于绝对隐私。和别人交谈时，最好在说话之前先思考一下，想想这些话对这个人说了以后会不会对自己造成影响。

刚进入职场的毕业生，管住自己的嘴要注意以下几点。

▲ 得意之时莫张扬

每当自己因工作小有成绩而受到上司表扬或者嘉奖时，不少人就开始在办公室中飘飘然，四下张扬，或者故作神秘地对关系密切的同事细诉。如果消息传开，那同事们一定会妒忌，从而引来不必要的麻烦。

▲ 闲聊的话别深究

在业余时间里，和同事们聚会闲聊是一件很正常的事情，可是很多人就是喜欢在别人面前炫耀。如果你一定要追问下去的话，对方马上就会露馅，这样既扫了大家的兴，也会让喜欢炫耀的同事难堪。

▲ 同事隐私不泄露

既然是隐私，就是不想被别人知道的关于发生在自己身上的事情，要是同事从别人口中得知自己的隐私被你曝光，肯定会在心里不止千遍地骂你，并为以前付出的友谊和信任感到后悔。

▲ 不要搬弄是非

如果你十分喜欢散播谣言，那你也不能要求别人一定要倾听。喜欢搬弄是非，会让别人觉得反感和讨厌。

▲ 牢骚不可随便发

喜欢发牢骚不仅让同事反感，而且如果让领导知道，你在工作中将遇到很多无形的困难。言多必失的教训实在太多，因此时刻要告诫自己，不要试图通过说话给别人留下深刻的印象。说多错多，尤其是在存在竞争关系、利益冲突的职场，千万要管好自己的嘴，切记祸从口出。

礼仪点睛

同事之间很多时候只是一种合作关系，他们不可能把你当成家人一样去包容你、体谅你。一般来说，与同事之间保持一种礼仪和互相尊重的关系就足矣。而一些隐私性的东西，最好深深地掩埋在心里，别拿出来“示众”。

步入职场，你就没有了口无遮拦的权利

当你步入社会后会慢慢地发现，那些从前在课本里学来的心直口快、仗义执言、直言不讳等行为，在这个现实的世界里显得那么不成熟。因为，那些口无遮拦的人，总是轻易地就得罪了某些人。

谷雨平时为人热情，多次帮助公司的女同事介绍对象，但结果是成的少，无疾而终的多。在公司里，有一位30多岁的女同事，谷雨多次给她介绍对象都没成。谷雨一时心急，就在闲聊时大发感慨：“三四十岁还不结婚的人心理肯定有问题。”语毕，那位女同事很生气地说：“我怎么就有问题

了，你这么说话合适吗？”

谷雨也觉得自己说话过分了，连忙补充道：“对不起，我不是说你，我是说男的。”说完，方想起来办公室里还有一位快到四十的男同事至今未婚，最后办公室一片静默，好好的气氛就这样被破坏掉了。

年轻人一定要管好自己的嘴，别像谷雨那样，什么话不经过思索就脱口而出，这样很容易伤害到别人，而自己在别人心中的信任度就会直接下滑，最终成为一个不受欢迎的人。

露露为人直爽，说话直接。同事们经常说她口无遮拦，说话永远不经大脑，总是先说话后思考。就因为说话口无遮拦，露露常常不顾及别人的面子，所以有时得罪了人，她还不知道。

一次，朋友郝灵买了一件新衣服，很贵、很漂亮。遗憾的是，郝灵的身材因为刚刚生完孩子有些臃肿，衣服穿起来显得有些不合适。

朋友们都看出郝灵很喜欢这件衣服，所以都不忍心打击她，纷纷赞扬：“这样的衣服才能显出你的气质，穿起来真好看啊，虽然贵了点，但物有所值啊！”“这件衣服真好看啊！在哪儿买的，哪天我也买一件！”……

这一系列的赞美让郝灵很受用，她非常高兴。这时露露却突然说：“你太胖了，身材都变形了，穿这衣服真是不好看，你看你的小肚子都露出来了，多难看啊！而且还那么贵，也没见得好在哪儿啊，我看也不值那么多钱！有这些钱都能买好几件不错的衣服……”

还没等露露说完，郝灵便气愤地走了。其他朋友也很生气：“你是实话实说痛快了，可不就显得我们虚伪吗？”

以后，大家聊天时总是躲着露露，毕竟，谁的面子也不经伤啊！

俗话说：“病从口入，祸从口出。”像露露这样口无遮拦，虽然逞了一时口舌之快，最终却伤人伤己。

步入社会以后，你就没有童言无忌的豁免权了，如果你继续口无遮拦，只能让你处于朋友不待见、同事不喜欢的尴尬境地，最终交友失败、事业失败。年轻人一定要先明白这个道理，在与人交往时，牢牢把握好说话的尺度，避免口无遮拦。只有这样，在与人交往时，才能保证自己不会因为说话而得罪人。

礼仪点睛

很多人在上学的时候说话口无遮拦，同学之间最多觉得别扭，并不会把你怎样。但职场是另一个社会。身在职场，如果不懂一些职场的规则、礼仪，就会显得没有教养，也没有人愿意接近你。所以，每一个刚步入职场的大学生都一定要知道，在这里，你已经没有了学校的保护伞，唯一能保护你的，就是你的修养和礼仪。

认真倾听，是礼仪更是尊敬

央视著名节目主持人白岩松曾经这样说过："每个生命都需要表白。"那么，与表白如影随行的便是听与说。因为每个生命都有诉说的欲望，尤其是现在的大学生，大多以自我为中心，总想先让别人倾听自己，所以，我们在与人交流的时候首先要学会仔细倾听，因为只有仔细倾听，对方才会觉得你重视他，也才会开心地给你说的机会。

乔·吉拉德在刚开始做汽车推销员时，有一次，遇到一位名人来向他买车。乔·吉拉德推荐一款最好的车型给他，名人很高兴，并掏出1万美元现金。正当乔·吉拉德为一笔生意即将成交而暗自得意的时候，对方却脸色一沉，转身离去。乔·吉拉德百思不得其解，到了晚上11点，他忍不住打电话给那位名人，想要问清楚名人为什么今天会突然变卦，看好的车却又不买了。

名人接到乔·吉拉德深夜打来的电话时有些恼怒，乔·吉拉德满怀歉意地说："非常抱歉，我知道现在已经很晚了，但是我检讨了一下午，实在想不出我错在哪里，因此特地打电话向您讨教。"

名人的语气有些缓和，问道："真的吗？"听到乔·吉拉德肯定的回答，名人沉默了一会儿说："很好！你用心在听我说话吗？"

"非常用心。"乔·吉拉德答道。

"可是今天上午你根本没注意听我对汽车的要求。我说到我的儿子吉米即将进入密歇根大学念医科专业，还提到他将来的抱负，我以他为荣，但是你却毫无反应。"

乔·吉拉德不记得对方曾经说过这些事，他不由得问了一句："什么时候？"

"签字以前。"

乔·吉拉德沉默了。当时他以为已经谈妥那笔生意，根本无心听对方在说什么。他除了满心的喜悦之外，耳朵里满是室内另一位推销员的笑语。

乔·吉拉德这次失败的原因在于没有认真听顾客讲话，没有和顾客有良好的沟通和互动。顾客不但需要一辆新车，更重要的是，他需要听到他人对自己优秀儿子的赞美。而专心听顾客讲话，便是乔·吉拉德所能给予顾客的最大的赞美。"很少人经得起别人专心听讲所给予的暗示性赞美。"杰克·乌弗在《陌生人在爱中》里这样写道。

世界第一等的名人访问者伊萨克·马克森是这样认为的，许多人不能给人留下很好的印象是因为不注意听别人讲话：“他们太关心自己要讲的下一句话，而不打开他的耳朵，人们喜欢善听者胜于善说者。”认真地听别人讲话，也是商业性会谈能够成功的秘密所在。学者查尔斯·伊里特认为：“成功的商业性会谈，并没有什么神秘，专心地注意那个对你说话的人是很重要的。”

韩城在北京一家大商场买了一套西装，结果这套西装上衣褪色，弄脏了他的衬衣领子。他觉得万分恼怒，带着西装找到当初卖他西装的那位店员。结果还没等他把事情的所有问题说出来，店员就毫不客气地打断了他的话：“我们这种西装卖了无数套，你却是第一个抱怨的人。”还没等韩城开口，第二位店员以一种尖厉的声音插嘴进来：“这种价格的西装，刚开始都会掉点颜色，你有钱买高档西装啊，就不会有这些问题了。”

韩城一听，火冒三丈，于是和两名店员开始了舌战。正当韩城气愤难平的时候，销售部经理来了，他从头到尾认真地听韩城把事情的经过叙述了一遍，没说一句话。等韩城停止说话的时候，销售经理很干脆地问韩城想要怎么样处理这套西装，他会照韩城的意思去做。

经过交流，销售经理提议韩城再穿一个星期试试，如果一个星期过后还不满意，就给韩城换一套新的西装。韩城看到销售经理态度那么真诚，也不好再说什么，拿着西装走出了商场。而一个星期过后，也没有什么问题发生，于是，他也没有再去退换。

同样没有退换西装，却因为店员和销售经理的处理方法不一样获得了不同的结局。店员的错误在于不肯听韩城把话说完，就用尖酸刻薄的话来伤害韩城。而销售经理能够耐心地把韩城的话听完，没费一兵一卒，就很圆满地解决了问题。可见，善于听比善于说更重要。在别人说的时候要认真听，这样，在你发表自己意见的时候，别人才会给你机会让你说。

礼仪点睛

在和别人交往的过程中，与人交谈时，必须知道谈话的双方都有倾诉和聆听的权利，两个人交谈是具有双向性的，换句话说，在交谈的过程中不仅要把自己的思想完整地表达给别人，更重要的是要让对方把自己的思想完整地表达给你。一个不善于倾听的人，是一个没有礼貌的人，是不容易达到与别人和谐沟通的，甚至还会在职场或生活中失去一个又一个机会。

微笑，这是职场中百年不变的礼貌

不把同事当作朋友是很多职场人士的信条，然而，不把同事当敌人却是职场中很多人所忽略的。身在职场，你不能对你的同事怒目相视，在职场上最得体的表情便是微笑。尤其是刚踏上工作岗位的毕业生一定要学会微笑。俗话说“爱哭的孩子有糖吃”，在职场中，爱笑的人才会得到你想要的。在职场上只有微笑，才能建立良好的人际关系，顺利地开展工作。

在工作中，微笑不再是真情流露，微笑成为一种职业表情，即使是跟别人吵了架，跟家里闹翻了天，或者破财遇祸事，都不能把沮丧的心情挂在脸上。每天出门前，把一切负面情绪都咽到肚子里，然后面带微笑迎接新一天的工作。

时间长了，你就会发现每天面带微笑会给你带来许多意外收获，因为，微笑不仅是友好的标志，也是礼貌的象征。在工作过程中，微笑能加深同事间的感情，调节工作时紧张的氛围。

关敏刚到公司上班时让很多同事都感到惊叹，人们经常私下议论：这个小姑娘年纪轻轻，脸上却让人看不出任何情绪波动的痕迹。这主要得益于关敏大学毕业前在肯德基打工的经历。肯德基要求服务员学会“微笑服务”，他们每天都强调：顾客对了，要对他们微笑；顾客无理取闹，也要对他们微笑，并且耐心地解释。这对一个心高气傲的年轻人来说，是耐心和毅力的很大考验。开始觉得不习惯、不适应，觉得委屈，时间长了，关敏发现，微笑是一种非常好的与别人沟通的方式。也是因为这段经历，让她尝到了微笑的甜头，并把它带到了毕业后的正式工作中来。

关敏现在并非做一线的服务行业，而是成为办公室里的一个小白领，每天在自己的方寸之地内与电脑交流，但是即使如此，每当有人跟关敏说话时，关敏下意识的表情都是嘴角上弯，小虎牙微露，让对方还未说话心情便已豁然明朗。久而久之，同事们都很喜欢这个每天带笑的小姑娘。也有人批评关敏的微笑太职业，不算真正发自内心的笑，但是关敏觉得即使在自己心情郁闷的时候也能微笑着对待别人，这也充分表明了对对方的尊重。

其实，最美的微笑不是与生俱来的，而是训练出来的。有些职场人不习惯微笑，那么就得花大量时间练习了，即使不能达到炉火纯青的地步，但在心情低落时努力笑一笑，哪怕是假装微笑，也会让自己的心情好一些。

怎样微笑才是最美的，那就是由嘴巴、眼神和眉毛各器官协调完成的。与此同时，微笑也要讲究度，交谈中哈哈大笑，不仅会让对方反感，也会让大家十分尴尬，微笑如果加上得体的手势或者肢体语言，会更加自然、大方，效果立竿见影。

礼仪点睛

在工作中微笑更多的是表达对对方的尊重，尽管可能心里不赞同对方的做法，你还是要保持微笑。大部分时候，微笑与心情好坏无关，而是源自对他人的尊重和礼貌。

初入职场，低调一些又何妨

工作中真正懂得表现自己的人，通常既表现了自己又让别人察觉不到。他们不会自顾自地在那里大谈特谈，不会以自我为中心，而是能给人一种“参与感”，与同事交谈时，他们喜欢用“我们”，不喜欢用“我”，因为“我”给人产生一种距离感，而用“我们”不仅无形当中把其他同事拉到同一阵营，并且更有亲和力，而且还可以按照自己的意图影响他人。

“枪打出头鸟”，“木秀于林，风必摧之”。这就告诉我们，一个人太出彩其实不是一件好事，我们要随时保持谦虚低调的态度，才能让自己离成功越来越近。因此，我们在刚参加工作的头三年里就要学会不露声色地让别人注意到自己，这也就是大家所说的“低调地卖弄”。

张栋是一家大公司的员工，他工作积极主动，待人热情大方，深受同事们的欢迎。可是突然有一天，一个不经意的举动让他在同事眼里的地位一落千丈。

这天大家在会议室等待经理来开会。一位同事觉得地板有些脏，于是站起来开始打扫。张栋并没有参与，而是一直站在窗台边往楼下看。突然，他走到拖地的同事面前说要替那位同事打扫，可是这时地已经拖完了，张栋却执意要求，同事也没多想，把拖把递给了他。

张东刚把拖把拿过来，经理便推门而入，正好看到他拿着拖把拖地的举动。于是，一切不言而喻。

大家由此觉得张栋十分虚伪，纷纷不再跟他交往。

自我表现是人类的一种本性，就像百灵鸟喜欢炫耀清脆的歌声一样。人类喜欢表现自己是很正常的，但如果不分场合地表现自己，就会让人觉得虚伪、做作，引起其他同事的反感，最终的效果往往是事与愿违。很多人在谈话的时候不管是否以自己为中心，老是爱表现自己，这种人会让人觉得轻浮、傲慢，最终让别人产生排斥感和不快情绪。

在和别人交往的过程中，每个人都希望得到别人的尊重和赞赏。法国一位叫罗西法古的哲学家曾说过："如果你要得到仇人，就表现得比你的朋友优越；如果你要得到朋友，就要让你的朋友表现得比你优越。"这是因为，当你的表现让朋友觉得自己比你优越时，他们就会有一种得到肯定的感觉；当你表现得比别人优秀时，很多人就会反感，甚至产生敌对情绪。因为每个人都会在无意识的情况下本能地维护自己的尊严和形象，如果有人让他感觉到自卑，那么无形之中他就会对那个人产生一种排斥心理，严重的甚至会产生敌意。

在职场中，即便你真的比你的同事强，在心理上也要给别人应有的尊重，学会与他们相处，这样同事也就不会对你产生反感，同时他们也会慢慢认可你的能力。同时，你还要懂得适当暴露自己的劣势，减轻嫉妒者的心理压力，从而淡化危机。

李静是刚从大学毕业进入中学的新教师，对最新的教育理论颇有研究，讲课也形象生动、寓教于乐，很受学生欢迎，这引起了一些任教多年却缺乏这方面研究的老教师的嫉妒。为了改变现状，李静故意在同事面前放低自己的姿态，并且很谦虚向其他老师学习。

李静放低姿态后，有效地拉近了自己和其他老师的距离，也消除了他们对她的敌视。

平易近人、低调谦和的人总能结交许多好朋友，而那些自私自大、自以为是的人，在交往中到处碰壁，让人反感，令人讨厌。

职场中往往会有这样一些人，他们十分机智，有很强的工作能力，但是他们锋芒太露，让别人敬而远之。他们太喜欢表现自己了，总想让所有人知道他们比别人强，以为这样才能获得他人的敬佩和认可，其实结果只能让同事们讨厌、反感。

做人要学着低调，要学会谦虚。越是谦逊的人，别人越是喜欢和这种人在一起相处，最后发现其优点；越是孤傲自大的人，别人越会瞧不起他，喜欢找出他的缺点。因此平时一定要学会谦逊待人，这样才会得到别人的支持，为你的事业成功奠定基础。当你以谦逊的态度来表达自己的观点或做事时，就能减少一些冲突，还容易被他人接受，即使你发现自己有错时，也很少会出现难堪的局面。

礼仪点睛

不管怎么说，作为职场新人，刚刚踏入公司，一定要学会低调做人。即使你的才华再出众，即使你学校的名字再大牌，也不要在同事之中表现出高人一等的姿态。你可以表现自己，但是不要太过高调，要保持谦虚的态度。只有这样，你才能在出色地完成工作的前提下又得到大家的赞赏。

办公室大吵大闹，缺少最基本的职场礼仪

每个人对待事情的看法都不相同，尤其是在工作中，如果因为一点小事，就和同事发生不必要的冲突，影响了工作，那可就不划算了。因为冲突后一切都会恢复平静，工作仍旧要继续，可是你和同事却因为刚刚的“冲突”产生了隔阂，从而对工作也造成了一定的影响。

办公室是公共场合，如果在办公室大吵大闹，不仅有损自己的形象，而且也违背了员工的最基本礼仪。所以，尽快化解矛盾甚至敌对情绪，会给同事一种为人宽厚的印象，这对于一个职场新人来说是非常重要的，否则，难免会生出事端。

还有两天的时间才到“十一黄金周”，李小月却已经在给自己计划整个假期的行程了，因为之前的工作异常忙碌，基本上都没有时间好好玩，李小月想趁这个机会好好休息一番，再去享受一下SPA。

但当她还沉浸在幻想中时，从经理办公室传来了一个消息，是关于假期

加班的事情，经理想征求大家的意见，如果选择加班，就提供三薪及有额外的餐补，如果不加，那么大家都好好回去放个长假。

李小月自然不同意加班，她觉得好不容易可以放个假休息，她可不愿意加班。不料，当她表达出自己的意见后，立刻遭到了一个同事的反对，那个同事认为既然有这么好的三薪机会，放假还不如加班呢。

李小月一听，立马瞪起眼睛，和那个同事争执了起来，而且话还越说越难听。其他同事纷纷劝和，可是两人的吵闹已经惊动了经理。经理了解情况后，虽然表面没说什么，在心里却对李小月有了另一种看法。“十一”长假回来后，李小月发现经理对自己再也不像以前那么器重了。

对于公司员工来说，因为工作上的关系，难免会和同事产生摩擦，但切记要理性处理，不可盛气凌人，非得争个你死我活才肯放手。就算你有理，你赢了，大家也会对你另眼相看，觉得你是个不给朋友留余地、不尊重他人的同事，以后也会暗地里防着你，你就会失去真正的朋友。而且被你损了尊严的同事也会对你记恨在心，这样你就无形中多了一个敌人。

当与同事产生矛盾时，切记有话好好说，不要把与人交谈当成辩论比赛。要知道，当我们和同事产生矛盾时，其实以每一个人的立场来看都是对的，只不过因为都坚持自己的想法或意见，无法将心比心、设身处地地从另外的角度考虑，所以没有办法站在别人的立场去为他人着想。假如能够有一颗善解人意的心，凡事都以“你是对的”来先为别人考虑，那么很多不必要的冲突与争执就可以避免。

公司新开发了一种产品，可关于产品开发是倾向于都市型还是乡村型，公司有两派人产生了不同的意见，引起了很大的争论。

公司经理看到下属这么争论不休，便宣布休会。再次开会时，本来主张走乡村型的带头人却说："大家若主张都市型，我也觉得不无道理。因为我从小在都市生活，对乡村不太了解，所以我也不敢断言，我只是觉得应该是乡村型。我很愿意再听听主张都市型的同事的意见。"于是，争论变成了讨论，气氛好多了。

后来经过长时间的讨论，结论倾向于乡村型，本来对立的双方都欣然赞成。

与同事意见有分歧，完全可以讨论，没有必要争吵。只要出于善意，讨论也始终是对事不对人，同样会令双方像促膝谈心一样有所收获。相反，那种毫无分寸和理智的争吵，一方激烈地攻击另一方，同时拼命地维护自己，这正是有良好教养的人所不为、也不该为的事。如果处处工于心计、气量狭小，处处流露出小家子气，那么，不但不会取得任何真正的成功，也体会不到团队协作的满足与快乐，更不用说能很好地解决冲突了。

那么日常职场交往中，我们该怎样做才能化解彼此之间的矛盾呢？不妨注意把握以下几个方面。

▲ 学会以大局为重

所谓同事，大家都是因为工作关系而走到一起的，因此要具备团队意识，懂得以大局为重，形成利益共同体。彼此之间一定要有一个"团队形象"的观念，更多的时候要相互补台而不是拆台，切不可因为自身小利而损害集体大利。如果我们都能够以大局为重，那么自然能够大事化小、小事化了。

▲ 有异议时求大同、存小异

同事之间由于经历、立场等方面的差异，对同一个问题难免会产生不同的看法，因此，与同事有意见分歧时，既不能过分争论，也不可一味"以和为贵”，而应争取求大同、存小异。另外还要学会掩盖矛盾，冷静地处理事情，这样才能让矛盾淡化，又不失自己的立场。

▲ 学会宽容、忍让与道歉

当同事之间发生矛盾的时候，要积极主动地去找同事化解，别等同事来找你，不要认为先说对不起就丢了面子，如果你们继续争吵下去，那么你们两个人会一起失去友谊。如果你们重归于好，你们就都是胜利者。所以不要等待别人来解决问题，自己就应当负起责任。

有时候，当彼此产生冲突的时候，我们不妨借一个机会，比如在沟通的时候主动表示自己的态度和看法。如果觉得工作时间不方便，可以直接约一个时间一起吃顿饭，在轻松平静的情绪下交换彼此的看法。不一定要分出对错，关键是把事情说开，不要因此留下心结。

礼仪点睛

在工作中，我们不可避免地要与同事打交道，也不可避免地会与同事发生一些冲突。冲突发生之后，最起码的礼仪就是不要去辩论和争吵，而是要用一种平和的心态与对方沟通，缓和与同事之间的关系，这样我们的职场发展才会顺利。

职场规则，来而不往非礼也

在办公室里，当同事带了点儿瓜子、水果、糖之类的零食，休息时请你吃，不要因为难为情就一味拒绝。如果你冷坐在旁边一声不吭，或在同事递过来东西时表现出一副不屑与之为伍或不稀罕的表情，同事热情分送，你却每每冷拒，时间一长，同事就会觉得你清高、傲慢、难以相处。

张丽丽是一家对外贸易公司的翻译员，在公司特别受欢迎。为什么呢？因为张丽丽每次去外地出差回来，都不忘给办公室的同事们带一些新奇古怪的小玩意儿，虽然并不贵，但大家都特别领情。

同事生病的时候，张丽丽同样也会奉上一张自己亲自制作的卡片。逢年过节，发张电子贺卡更是不在话下，同事们平常也都特别照顾张丽丽。

有时候，张丽丽也会带点儿小零食放在办公室，到了下午茶的时间，她总会把办公桌的抽屉打开，然后大声说：“当当当当，张丽丽来分零食啦。”同事们都笑着和她打作一片。即便有的时候和同事发生了一点儿小误会，张丽丽也会用礼物来修补感情。

当有人问起这件事情的时候，张丽丽说：“如果让我当面对人示好，或者示弱，我都会不好意思。而花点儿心思选个小礼物，则一切尽在不言中。而且你给了别人礼物，你自己也收获了同事的快乐和帮助，这样对自己又有什么不好呢？以后工作中有了问题，还可以非常大方地找同事帮忙，同事也会欣然答应啊，这种礼尚往来的方式非常好呢。”

我们每天和同事相处的时间最少七八小时，在这段时间内怎么去拉近彼此的关系，可以算是一门大学问。礼尚往来成了同事之间最为普遍的沟通方式。美国畅销书作家罗伯特·哈夫在一本叫作《如何在这个疯狂世界里找一份好工作》中一针见血地指出：**“人类社会主要建立在‘馈赠关系’之上，有来才有往。”同事之间互送小礼，不仅是一种礼节性的表现，而且更能显示出彼此之间的友好，也在无形中为自己的职场铺好了宽广大道。**

如果你懂得把礼物的功效发挥到极致，那么就会成为公司里面最受欢迎的人。例如：从外地出差回来，给同事带点儿小特产；同事生病了，奉上一张祝福卡片；逢年过节，发个祝福短信；和同事闹了矛盾，也可以通过小礼物来赢得同事的心。这样做，不仅仅是一种礼节，也是一种待人处世的方式。因为送礼物给同事，是建立感情、推进关系的有效桥梁。不过切记，千万别买太贵重的礼物，点到为止，免得让同事觉得你是“无事不登三宝殿”！

当然了，日常的礼尚往来乃人之常情，当我们送出一些礼物给同事时，同事回送些一般性的礼品也无可厚非，但并非所有的礼物都要一视同仁，通通收下，有时拒收同事的礼物也是必要的。比如我们收下一些可能影响工作大局而使某方得益的礼物，则有构成受贿罪之嫌，是万万不可取的。另外，当我们觉得送来礼物的同事是别有用心者，一般也都应该拒收，实在推托不过，也要尽快回送同价值的礼品；不愿收受的，除退回礼物之外，应附以委婉、诚恳的感谢。

需要注意的是，在送礼的时候尽量不要当着所有同事的面去送，除非你能够保证所有的同事都有份，否则，那么收不到礼物的人难免会在心里犯嘀咕，在别的事情上对你使绊子，这样对我们来说难免就“受累不讨好”了。

其实，同事之间的往来不仅是人际交往中最为重要的一点，也是职场礼仪中我们必须学会的一点。也许礼物可大可小，等次可高可低，却可以拉近同事间彼此的心灵，这样又有何不快乐呢？

礼仪点睛

很多时候，职场并非“冷酷”的代名词，也是可以充满淡淡温情的。适时地与同事之间进行友好的礼尚往来并非不可，这样不仅有助于我们更好地建立职场友谊，也可以为自己今后的职场之路更好地走下去而打好基础。

注意言行举止，莫要成为职场中的靶子

在职场中，注意自己的言谈举止很重要。如果你的言谈举止不仅无法体现你的礼仪，还触犯了对方的利益，对方一定会想方设法报复，这样你就很有可能会成为对方的靶子。

做人做事一定要保持低调，言行要平和，不过分地张扬个性，就不会导致别人对你产生敌意，也就能避免成为别人进攻的靶子。

经常感情用事，说话很随便，甚至因为一点成绩就得意忘形，等等，这些不好的言行习惯会在交际中给你带来阻碍。当你的这些言行超出别人容忍程度的时候，别人必定会找各种机会给你小鞋穿，把你当成活靶子，甚至还会杀鸡给猴看。

梅朵研究生毕业，凭着自己的实力参加考试，过五关斩六将才挤进了公司。虽然进了公司，她却只是个小职员。

办公区有个不大不小的休息室，是员工们吃午饭、喝咖啡、喝茶的场所，也是休息时闲聊的地方，有很多闲话都是从这里传出来的。

有一次，梅朵去休息室冲咖啡，正好遇到两个同事在闲聊。她们看到梅朵进来，也把梅朵拉进了闲聊的话题。

一个同事说："你们知道吗？听说咱们经理是胡总的小蜜。那次胡总来咱们部门视察时，他俩的眼神可暧昧了。"

另一个同事也说："就是就是。那次胡总一进经理的办公室，经理就把百叶窗给拉上了，俩人不知道在里面干什么。"

梅朵这时插话道："听说经理只有高中文凭。我们这些大学生、研究生还不如一个高中生，经理的能力实在是不敢恭维。"

说完这句话后，梅朵就后悔了。这两个同事在公司很久了，她们之间说什么自然是没事的，可是自己说的话会不会被她们传出去，那就不一定了。想到这儿，梅朵紧张地离开了休息室。

没几天，梅朵被公司辞退了，原因是那两个同事告了黑状。她们把自己说过的那些闲话都推到梅朵的身上，并说给经理听了。两人怕梅朵会把她们说的话传出去，就先下手了。

梅朵知道被辞退的真正原因之后，后悔不该听两个同事的闲话，更不该说那一句对经理不满的话。正因为言行不当，才导致自己被别人当了靶子。

注意言谈举止，就是在职场中要知道并明白哪些话该说、哪些话不该说，哪些事该做、哪些事不该做。

同样，在什么样的人面前该说什么样的话、做什么样的事，以及不该说什么、不该做什么，都要经过思考，然后做到谨言慎行。

当你在职场中做到谨言慎行，才不会被人抓住把柄。如果你不注意自己的言谈举止，很可能因为很小的一个细节，就被别人利用，并成为别人的靶子。

你需要练就自我控制能力。因为在职场中，懂得自我控制的人才不会轻易受到情绪制约，不会在冲动之下做出伤害他人、给自己的职场生涯埋下隐患的事。

就算在面对自己不喜欢的人或者是自己厌恶的事情时，也不要轻易表露出你的情绪。你不必强迫自己喜欢对方，但需要礼貌而真诚地问候对方。如果你无所顾忌，说话做事随心所欲，不在乎别人的感受，就会成为别人攻击的靶子。

在职场中，如果你想获得持续平稳的发展，就要学会收敛你的个性，学会谨言慎行、不张扬。否则，终有一天，你会得罪别人，别人会给你制造麻烦，打击你。即使事情与你无关，你也可能成为替罪羔羊。

柳莹是一家公司策划部的副经理，她业绩突出，多才多艺，能力很强，长得也挺漂亮，在公司却很不受欢迎。

柳莹刚进入公司的时候，凭借自己深厚的专业能力，经常能给上司提出很好的想法和建议，再加上她工作努力，同事对她的评价都不错。

在公司的集体舞会上，她能歌善舞，非常活跃。同事们一起去唱歌，她也是抢尽了风头，吸引了公司男同事的目光。

工作闲暇，女同事们总喜欢谈论一些穿着打扮的事情，而她这时总会无所顾忌地指出女同事们的不足之处。渐渐地，很多同事就都开始讨厌她。

柳莹在公司工作了三年，竟然没有建立起自己的人脉网，公司的新老员工都明显地孤立她。因为她的争强好胜，多次导致工作出现问题，上司在多次劝告她无效后，让她另谋高就。

在职场中，跟他人交往的时候，要懂得收敛自己的锋芒，不要认为自己是最优秀的。不要随心所欲地想干什么就干什么，想说什么就说什么。要多站在别人的角度思考问题，如果你站在他人的角度思考，才能了解别人的真正意图，也才不致树敌太多，让自己被孤立，并成为靶子。有些事，能让给别人做的，就让给别人做；有些话，能让给别人说的，就让给别人说；有些风头或功劳，能让给别人抢的，就让给别人抢。

总之，你要谦和、不多事、谨言慎行，才能平顺。隐藏自己的锐气，做一个成熟而有城府的人，你的路就会好走很多。

一些人多嘴杂的场合，你一定要远离并保持距离。说闲话，听闲话，最终你会落闲话，闲话的目标人物最后就会成为你。不说别人闲话，不掺和别人闲话的谈论，那些麻烦事就不会找上你。

不要把自己的心里话说给某些人听，否则，你在与对方有利益冲突的时候，对方知道了你内心真实的想法，会利用你的心理弱点，明里暗里打击你，这样你就成了别人的活靶子。

在与比你位高的人交往时，一定要谦卑。不要指出他的错误，不要违背他的意思，不超越对方，要顺着对方，这样你才能避免与对方产生矛盾或冲突。

言谈举止决定你的职场生涯，你要注意自己的言谈举止，尽量避免因为言行问题伤害到别人，导致自己职场交际中的失败。

礼仪点睛

在职场中，谨言慎行是很重要的。有才华、有能力是好事，但如果你不懂得收敛，不懂得隐忍，在职场中也是很难立足的，甚至会给你招来灾祸。

不管一个人多么有权有势，只要他过分地张扬，过分地狂妄自大、傲慢无礼，就不会有好的结局，这是有前车之鉴的。做人只有谨言慎行，才能叱咤职场。

第三章 面对职场异性，有“礼”更要有情商

◎ 与异性共事，保持好那段微妙的距离感

◎ 暧昧的话不是拉近距离，而是伤人伤己

◎ 学会说“NO”，谁说拒绝就是无礼

◎ 性骚扰，每位职场女性的一块心病

◎ 遇到异性老板，在心中划清你们之间的距离

◎ 夫妻与同事，别让融洽的关系变得尴尬

与异性共事，保持好那段微妙的距离感

在职场上，我们总会与异性不断地沟通和交流，如何把握与异性同事之间的最佳距离，成为职场精英们必须注意的礼仪知识。虽然说距离是一种物理现象，但在人际关系中更是一门学问。**在小小的办公空间中，它影响着人与人之间的互动，制约着同事之间复杂而又微妙的关系。**

在如今的生活中，两性工作交流日趋频繁，曾经“男女授受不亲”的老观念已经被抛至九霄云外。即便是已婚者，也不可能不与异性接触，过分拒绝与异性相处，不仅算不上现代人，而且也妨碍其在职场中的角色扮演。两性总是需要交流，而且人们常说“男女搭配，干活不累”，两性共事有助于工作效率的提高。当然，两性不能走得太近，接触过于亲密会造成不良的影响，因此，如何把握两性交往的距离，就显得非常重要。

雯雯是策划部的一名员工，最近因为跟一位新来的同事走得太近，一些关于他们俩的流言蜚语就在办公室里流传了起来。雯雯去洗手间的时候，听到其他部门的几个同事正在议论自己。下班后，经常和自己一起走的晓宇在下班后也不等她了，常常暧昧地说：“先走了，不耽误你……”雯雯觉得自己快要疯了，她不明白为什么会传出这样的流言蜚语。

终于有一天，她抓住晓宇一定要问个明白。经过晓宇的解释，雯雯明白自己在什么地方做错了。

新来的同事是个责任心很强又细心的人，前一段时间因为工作很忙，雯雯和他常常在一起加班。刚开始两人的配合并不融洽，经常为意见不一致而争论不休。但渐渐地，两个人找到了默契，很快他们就会取彼之长，经过一个月的磨合，工作起来已经是心照不宣，配合得轻松自如了。可这只是正常的工作关系，大家没有必要误解啊，雯雯百思不得其解。

晓宇说：“你想想看，每天是不是人家在帮你收拾桌面，倒好热茶，那份关心谁看不见啊？还有，上次你从外地出差回来，给所有人带的都是小饰品，但唯独给人家带的是他最喜欢的什么污七八糟的画册，这难道还不明显吗？还有……”晓宇的每一个例子都非常有“分量”。

一语惊醒梦中人。其实收拾桌面、倒茶是他们商量好的，谁先来谁做，可雯雯偏偏是个卡着点上班的人；而那个画册也是在加班的时候人家提起的，自己送他很正常，其他人又没有什么特别的喜好，众口难调，买一样的最省事。雯雯没有想到，自己的一念之差，居然造就了这样一段“绯闻”。

办公室本身就是一个是非之地，如果和自己的异性同事走得太近，难免会招人猜忌，甚至会被别有用心的人刻意污蔑，到时候真是有理也说不清了。因此，保持适当的距离，对自己、对同事都有好处。

其实，在职场中，男女搭配的工作空间往往都要比单一性别的工作环境愉快、和谐得多。而且，同事之间彼此交流也有助于工作效率的提高。那么，我们应该如何同异性同事保持适当的距离呢？

▲ 对异性采取大方、不轻浮的态度

这可以说是同异性同事交往中很重要的一个原则。这主要包括行为和言语两方面，要尊重对方，不可轻浮，千万不能将办公室的异性关系处理成“类似恋爱关系”，更不要和某个异性同事发展成比其他异性更为亲密的关系。

▲ 在语言交谈上要把握分寸

很多男性员工经常会在私下里冒出一些粗话，甚至还有人开黄色玩笑，但这些决不允许在办公室里发生，特别是有女性同事在场的时候，这很可能会被女性认为是对她们的冒犯。

还需要记住的是，当你在恭维异性同事的时候，一定要避免挑逗性的话语，以免让对方产生性这一方面的错觉。

▲ 在穿衣打扮上要注意礼节

办公室是工作的地方，而不是约会场所，更不是我们展示自己魅力的地方。如果在办公室里男士把衬衫敞开，穿着短裤，是对在场女性的不尊重。女性更要注意自己的穿着，千万不能张扬自己的性感，如穿着超短裙和太暴露的衣服，这同样也会引起别人的反感。

▲ 在动作上要注意自己的举止

如果你是一名男性，那么当女同事在场时，不能把松了的皮带再扣紧，或者把衬衣塞入裤子中，否则会引起误会，使女性产生不快。而女性也不能做一些挑逗性动作，比如在男性面前梳玩头发、触摸男性的衣服、用头发扫打男人的面颊等。尽管这些动作看似无意，其结果却是给对方发出性的信号，容易导致误会。

▲ 把握交往时的分寸

当我们有了烦心事的时候，难免会找身边的同事倾诉，但最好不要把自己的私生活带入其中。特别是那些在婚姻上不如意的人，对异性同事不宜过多倾诉，否则会被对方认为你有移情的想法。如果同事把你当成听众时，你不妨向对方多谈谈自己婚姻生活中美好的一面，尽早避免对方对你情感上的投入。即便是那些极为默契的异性同事，也只应当在工作上更好地配合、互相帮助，而在办公室这样的公众场合，不要“亲密无间”。

同事之间应该把更多的精力放在工作上。异性同事之间一定要注意彼此的距离，一定不要越过了那条线，一旦跨入“雷区”，彼此都会受到伤害。

礼仪点睛

在办公室环境中，男女同事之间的相处，如果处理不当，不仅会给本人带来麻烦，而且还会对单位造成不好的影响。所以，掌握一些办公室异性相处的礼仪及原则是十分必要的。异性同事之间本来就隔着性别的差异，而且大家同处在职场这块屋檐下，如果走得太近，天长日久，流言蜚语难免会生出来，因此更应注意彼此之间的恰当距离，否则难免深受其害。

暧昧的话不是拉近距离，而是伤人伤己

在办公室中，男女之间相处时间长了，难免会有“日久生情”的时间和空间基础。这时候，难免会有些同事彼此之间比普通同事关系近一点，却又比恋人关系远一点，玩起办公室暧昧。有人因为寂寞，有人为了找感觉，有人为了利益，但不管怎么说，办公室暧昧，是谁都玩不起的游戏。

23岁的文漩是去年毕业的，在一家集团公司工作。因为工作关系，她和

市场营销部接触比较多，而市场营销部的经理黄兢是公司里口碑不错的“单身贵族”。文漩刚进公司时，黄兢对她就表现出了很绅士的热情。慢慢地，两个人的关系变得暧昧起来。

起初，黄兢不止一次在同事们面前夸赞文漩很有潜质，他那嘉许的目光让初来乍到的文漩颇受鼓舞。而文漩个性开朗，喜欢跟同事们聊天，没想到黄兢竟然能够猜透她所聊的话题，这让文漩窃喜不已，因为这证明黄兢非常关注自己。

入职三个月后，一天，文漩刚走出公司大楼，就听到身后的车喇叭响，回过头，看到黄兢从车里探出头说：“来，我今天第一次开新车，带你兜兜。”而就是这次“兜风”，让文漩从此陷入“剪不断理还乱”的感情中。在这短短的四小时“兜风”时间里，两人从童年谈到学校，又谈到公司，黄兢连连感叹，文漩让他找到了自己学生时代的感觉，像她这样可爱美丽的女孩子谁遇到谁动心！

没有恋爱经验的文漩开始反复思考：黄兢是不是喜欢自己？说喜欢，态度又不明朗；说是普通同事，可他看自己的眼神却温柔专注，动不动就嘘寒问暖，隔三岔五还送个小礼物。在他们的周围，早就已经有了闲言碎语，说黄兢在追求文漩，黄兢看起来却波澜不惊。

足足半年的时间里，文漩感觉自己被束缚在一个迷局中。这时候恰逢同事结婚，她准备在这场婚礼上试探一下黄兢的真实想法。但文漩没想到，同事的婚礼让她如同做了一场“噩梦”。

当同事在发请柬时，尽管眼睛看着文漩，嘴巴却对黄兢开玩笑地说：“有家属的带家属，没有家属的可以当场确认家属，给诸位求偶青年一次大好机会。”大家闻言都挤眉弄眼，黄兢也对她笑笑，文漩心如鹿撞。

在婚礼当天，文漩并没有接到黄兢的邀请，现实完全变了样：黄兢不仅带了女友，两人还非常亲热。这让文漩犹如当场挨了闷棍，而黄兢大方平和，甚至对文漩一如往常地微笑。文漩回家哭了半个晚上，可第二天还要若无其事地上班，这种“被暧昧”之后的内伤，彻底伤害了她。

身在职场，面对同事之间这种非爱非友又非亲的关系，又有多少人遭受到过同样的伤害呢？其实，对于职场中的暧昧男女来说，双方都不是最后的赢家。**面对职场的暧昧，无论是成功的男士，还是优秀的巾帼英雄，都不能理性地掌控暧昧和感情之间的标尺。**相对于男性来说，女性更容易受到伤害。

可以说，暧昧是具有极大杀伤性和破坏性的，而且还会受到环境制约和社会舆论监督，如果一旦暴露或新鲜感消失，那么就会变成一方或双方的烦恼，彼此都要付出代价。很多人总以为能够“瞒天过海”，但最终都逃不出群众“雪亮的眼睛”。一旦暧昧成为公开的秘密，其中一方要么辞职走人，要么调离原岗位，这一点在外企尤为明显。

那么，职场人士应该如何成功地绕过职场暧昧呢？需要通过以下几点做出努力。

▲ 态度要明确

在工作和生活的压力下，职场中的男女难免会有感情脆弱的时候。遇到这样的情况，一定要态度明确，直言不讳地告诉对方，自己想要什么样的生活，从而让对方知道我们对生活和家庭应该持有什么样的态度。不要盲目自信地认为自己玩得起暧昧，其实职场暧昧如同股票般瞬息万变。

▲ 努力工作

暧昧就如一场游戏，需要彼此功力相当、棋逢对手。如果你感觉自己玩不起，千万不要去触碰，否则很容易让自己陷入尴尬境地。在工作中，我们无须玩什么暧昧，应该依靠自己的努力把工作出色完成，这才是在职场中正确的方向。

▲ 不要给暧昧留空间

在职场中，最易发生暧昧的群体是那些单身男女。在忙碌的工作和强大的压力下，职场中的男女们根本没有精力寻找工作之外的异性谈恋爱，稍不留心就让自己沦为“剩男”“剩女”，这就容易让暧昧有机可乘，钻了爱情的空子。所以要想杜绝这类事情，就必须这样做：遇到真正让你动心的对象时，应该大胆地喊出来，不给暧昧留下任何空当。

在办公室上班，异性间的接触是不可避免的，但暧昧的游戏却是谁都玩不起的。所以一定要避免，不要让自己成为别人茶余饭后的谈资，更不要因暧昧而让自己受到很大的伤害。

礼仪点睛

职场的纷繁复杂，注定了暧昧会成为一把双刃剑。在这种工作场所中彼此所建立起来的情谊，很难定义是恋爱或者是友情，还是志同道合式的相互支持，抑或才华相互吸引的欣赏。这样的感情，如果其中一方不小心扮错了角色、跳错了步伐，那么就可能会为自己带来伤筋动骨之痛。

学会说“NO”，谁说拒绝就是无礼

身在职场，“办公室恋情”可以说是一种普遍现象。有很多新人一踏入职场，就遇到了同事的追求，面对这种情况，很多人都无所适从，不知道该怎么办才好。对于大多数人来说，如果爱你的人正是你所爱的人，这当然是一种幸福；如果爱你的人并不是你喜欢的人，那么就会产生反感甚至是痛苦，若对方还是你的同事，需要朝夕相处，那就难免成为困扰。因此，怎么婉拒同事的追求而不伤害同事之间的感情，对每个职场人士来说都很重要。

身在一家大型企业当主管的王梅最近陷入了苦恼，她已经结婚五年了，是一个三岁孩子的妈妈，最近却遭到了一个年轻同事的骚扰，这让她头痛不已。

这个年轻人比王梅小七岁，非常有才华，所以颇受王梅的赏识，平时他的也相处得不错。但就在这几天，这个年轻人开始每天给王梅发短信示爱，说自己被王梅的成熟和聪明所折服。王梅知道他曾经有过一个女友，因为女孩太过任性而分手了，对于他的追求，王梅颇感到意外，不知道该怎么拒绝。

刚开始的时候，王梅还觉得自己被这么年轻的同事追求，心里颇为得意，毕竟这证明自己的魅力还在。但时间长了，王梅就有点儿厌烦，毕竟她已经结婚了，而且对这个年轻人并没有好感。王梅也曾经拒绝过他，但他还是不管不顾地给她发短信。王梅不知道该怎样做，才能既不破坏同事间的关系，又摆脱现在的这种处境。

爱情是双方面的事情，一厢情愿是绝对不行的。因此，遇到那些自己不喜欢的人千万不能拖泥带水地既不答应也不拒绝，特别是在办公室，这样很可能会让对方误以为你在默认。上面例子中的王梅正是因为一开始乐于被追求的暧昧态度，让同事以为王梅也喜欢他，因此频频短信进攻。如果王梅一开始就在办公场合进行正式约谈，坚决地向对方表明态度，断绝他的念头，表态的同时肯定他的工作成绩，以不影响原有的同事关系，一般情况下，对方会知难而退。

那么，我们该如何巧妙而不失体面地婉拒同事的追求，同时又不伤害同事之间的感情呢？

▲ 要直言相告，以免产生不必要的误会

拒绝难免是一种伤害，但我们不能因此而犹豫不决。如果同事追求你，那么肯定对你的言行非常敏感，如果你拒绝的态度不够坚决，很容易造成对方的误会。如果你所采用的方法过于礼貌或者是过于顾全对方的面子，会让对方觉得你还是在意他的，让他觉得自己还有希望，这样做往往会带来比拒绝更大的伤害。

我们可以直接明确地告诉对方，自己已经有了爱人，请同事另选他人。这时候我们一定要表明自己很爱恋人，但切忌向同事炫耀自己恋人的优点，以免伤害同事的自尊心。如果你认为自己年龄还小，暂时不想考虑个人问题，那么可以直接向同事说明情况。

▲ 在拒绝时要维护好同事的自尊心

在拒绝的时候，我们要想办法维护好同事的心理平衡，尽量减少对方的内心挫折。具体说来，我们不妨先对同事的能力、人品等加以赞赏，然后说明自己不能接受的理由。在说明理由的时候，一定要诚恳，理由要合乎情理，最好从对方的角度提出有利的方面，让同事觉得你拒绝也是为了他好；尽量要把消极的原因归到自己身上，避免给同事造成一种你仅仅是拒绝了他的印象。这种方法尤其适用于对那些心理比较脆弱的同事，可以避免一些极端现象的出现。

▲ 拒绝的时候要选择恰当的方式

在办公室中，我们与同事低头不见抬头见，因此在这种场合下一定要选择一个恰当的方式。比如发短信或者私下面谈，这样既尊重了同事，也不会让同事在公共场合难堪。这时候最好不要采用托人转告的方式，因为这显得对对方不够尊重，还可能带来不必要的麻烦，也许对方并不想让第三者知道。

▲ 要选择合适的时机

选择什么样的时机拒绝追求你的同事也很重要，一般来说，不要在对方刚表白了爱情时立即加以拒绝，因为此时对方很难接受；但也不可拖延太久，给对方造成误会。当然，选择什么时机，要视具体情况而定。比如可以选择在对方表白后的三天时间内，这时候对方的情绪已经趋于平稳，你的拒绝不会让对方感到大受伤害，同时，也让对方明白了你的态度。

礼仪点睛

对待真心求爱的同事，可以用以上方式拒绝，显得又有礼貌，又不至于同事间以后尴尬。但对于那些无端纠缠的同事，一定要义正词严地拒绝，但记住，别让对方因此而对你产生怨恨。如果对方死缠烂打，那么不妨借助领导、同事帮忙劝服。我们的婉拒一定要在能够保护好自己的情况下进行，要掌握好婉拒的方法，不要让自己受到伤害。

性骚扰，每位职场女性的一块心病

也许你也曾在工作场所中目睹过这样的行为：在一个有男有女的办公室里，几个大老爷们儿一边工作一边讲着黄色笑话，旁边的几个女同事都听不下去了，可他们依然肆无忌惮。这种情况在当今社会特别常见。这其实就是一种性骚扰。

如今，职场性骚扰可以说是职场一个严峻而现实的话题。对于一天有三分之一时间在办公室度过的职业女性来说，担心遭受性骚扰是她们的一大心病。因此如何避免职场性骚扰，已经成为她们最为关注的问题。

李梅梅是一家韩资企业的员工，每天加班到晚上九、十点钟是很正常的事情，而且公司高层对下属的评价通常也是看他是不是在努力加班，但办公室职员加班是没有加班费的。

李梅梅的男朋友在另一个城市，因此加班对她来说没有什么影响。在加班后，公司会有班车发往市区，李梅梅总是乘最后一班回家。有好几次，李梅梅都碰到了隔壁部门的项目经理，因为打招呼多了，有时就坐在一起，一路聊天，这样在路上有个人说话也不至于寂寞。

但就在上个周末，李梅梅明显感到了异样，因为她晚上收到了项目经理的短信，让她晚上要早点儿休息，天凉注意身体。这是以前没有的事情，李梅梅很诧异，但还是回复表示感谢。第二天一早，项目经理打电话给李梅梅，想邀请她一起外出。但是李梅梅已经有约，只好谢绝。结果项目经理很不高兴，说："不给面子啊？"李梅梅也有些恼火，但还是非常礼貌地说明了原因。

但这仅仅是个开始。在接下来的日子里，李梅梅一直受到如此纠缠，她烦恼极了。这时候，朋友帮她出主意，让她把铃声改成振动，不接项目经理的任何电话，不回复他的任何短信，即使打爆了也不接。而且李梅梅调整了下班时间，没有紧急事件绝不加班，即使加班也尽可能早点儿离开公司。

一个月后，李梅梅和项目经理在过道里“狭路相逢”，此时只有他们两个人。李梅梅很有礼貌地打了招呼，正想快步走开，项目经理开了口：“怎么打你电话你都不接？”李梅梅一副惊讶的表情，回答：“你打我电话了吗？哦，我电话换了。”“换了？那你现在号码是什么？”李梅梅大为苦恼，只好应付一句“是坏了，正在修理中”，然后没等对方反应过来，就赶紧溜走了。

可这毕竟不是长久之计，自己要在这个公司上班，就难免会碰上。该怎么办？李梅梅陷入了苦恼。

在职场中，总会有这样或者那样的骚扰，面对着这些不胜其烦的骚扰，应该如何避免呢？主要有以下两点。

▲ 要在主观上做好预防

在很多时候，性骚扰是由于女性自身的原因间接引起的，因此我们要在以下方面注意。

在着装上要注意。那些艳丽的装扮无时无刻不让人注意到你的美丽，特别是在天热的时候，着装要避免过度展现女性的曲线，着装上要避免透、露、短、小、紧等。过度展示身材或性感，更容易受到性骚扰。职场美女一定要学会适当地“藏美”，在平时上班不要穿过于暴露的服装，让别人对你的感觉从外表美转向知性美，尽量展示自己理性、聪慧、干练的一面。而理性干练的白领丽人，男人即使有色心也没有色胆。

在举止上要注意。当我们的身边有异性的时候，一定要注意自己的举止，力戒“走光”，以免让那些“好事者”对你产生无尽想象的空间。不要去碰触异性裸露的地方，比如肩膀、手臂、头发等，以免造成不必要的误会。当和异性同事、上司说话时，即使再熟悉也不要用撒娇式的语气语调，否则容易引起他人误解。

在态度上注意。当异性同事或者上司的态度暧昧时，你的表现一定不能暧昧，要态度坚决，以庄严冷峻的态度表明你不喜欢这样。有时候对方对你的初次骚扰一般只是轻微的试探，由此观察你的反应，并决定他的进一步行动。如果你能及时心平气和地表达出自己的不快，既不伤和气，又能使骚扰到此为止。

在思想上注意。有些职场女性往往有贪小便宜的心理，轻易就接受异性的馈赠，这对我们来说其实就是一种信号。当上司给予你与个人工作、学习、业绩不相符的奖赏和提拔时，那么其背后可能就潜伏着危机。同时，不要对性骚扰采取忍气吞声的态度，这样反而使对方更加肆无忌惮。

▲ 在客观上努力避免

如果你感觉到对方对自己不怀好意时，那么就要注意与之保持一个安全距离，举止或语言上更要把握好分寸，不留有任何让对方产生遐想的余地。**如果骚扰者是自己的上司，那么尽量避免单独去汇报工作，不可避免地要单独汇报时，要保持开门状态，举止自然、大方。如果上司示意关门，可以虚掩着门，汇报完毕立刻离开。**如果上司让你在下班后单独汇报，可以找一些理由避开这个时间，避免产生不良行为的时机。

遇到异性同事、上司故意对自己讲黄段子，应不予理睬，就当没听到，不要表达出任何赞同、默认的表情或者举止。最好的方法是借口躲开，让对方知道你的立场。

对许多职业女性而言，社交是她们工作的一部分，有些邀约是不能回避的，不管是否乐意都得参加。这时候，一定要记住自己的言行举止，运用好以上原则，你就能在两性的职场上保有美名。

礼仪点睛

面对职场性骚扰，女性切记不可忍气吞声，这会让对方更加得寸进尺。这时候就不是讲究“礼”的时候了。你的息事宁人、避让等态度只会增加对方的嚣张气焰。聪敏的女性要懂得利用好上面所说的那些方式，给予坚决的反抗，保护自身。

遇到异性老板，在心中划清你们之间的距离

在办公室里，碰上异性老板该怎么做呢？特别是那些女职员，如何面对自己的异性顶头上司，确实是一个难题。如果处理不好与老板之间的关系，就容易引发职场绯闻。对于工作和家庭来说，职场绯闻都是一件非常可怕的事情。如果对待这个问题不够谨慎，再加上平时的行为又很容易让人抓到“小辫子”，就更会让你深受其害。与异性老板保持一个什么样的距离，与我们的职业前景有着非常密切的关系。

李秋月是一家规模很大的材料公司的销售员，这是一份极具挑战性的工作。李秋月很努力，业绩一直在节节攀升，所以深受自己的顶头上司、销售

部经理陈磊的青睐。

有一次，李秋月接待了一个对公司来说相当重要的国外大客户，如果能把此单谈成了，那么对公司来说是非常有益的。为此，她一遍又一遍地研究对方的资料，寻找其弱点，用自己的认真和敬业去感化对方。最终，这个单子让她顺利地拿了下来，因此，她欣然接受了陈磊出去吃饭的邀请。

随后，陈磊便经常请李秋月吃饭、泡酒吧，打保龄球、桌球、壁球，而借口则大多是庆祝李秋月的出色表现和业绩。有时候尽管李秋月并不想去，但看到陈磊那诚恳的眼神，加上他又是自己的上级，因此李秋月总是不好开口拒绝。而且陈磊在出差回来时经常会给她带一些特别的礼物，这当然逃不过外人的眼睛。

渐渐地，有人开始在背后议论李秋月和她的上司，当然不乏那些对李秋月的出色表现心怀妒忌者。尽管陈磊对这些传闻不以为意，李秋月却为此苦恼不已。因为此事，相恋两年的男友揣测好强的李秋月一定是利用了上司才做出那骄人的成绩的，无论李秋月怎么解释也听不进去，两个人打起了冷战。更让李秋月郁闷的是，陈磊看自己的时候眼神暧昧，自己不知道该怎么办才好。

在办公室里，女下属和男上司的情况并不少见，如何划清彼此之间的界限，拉开私下的距离，是让人颇为头疼的事情。就像上面的李秋月，面对上司的暧昧眼神，应该怎么办呢？这时候，就需要我们学会拒绝。

当异性上司总是频频邀请你外出的时候，即使他本身并没有非分之想，下属自己也要小心，因为这往往是以后发展成不寻常关系的前奏。**任何时候，我们都要有自己的原则，在工作上服从上司的安排，而在其他方面要学会以诚相待、不卑不亢。**

拒绝上司并非一件坏事，因为这同样能让上司发现你的成熟稳重和个人的尊严，说不定就会得到上司的敬重。而且，这有利于我们抬高自己在上司心目中的地位。当然，如果你实在没有勇气拒绝上司的邀请，那么你不妨在赴约的时候拉上自己比较好的朋友、同事甚至上司的太太，这样，无疑给自己增加了一块挡箭牌。

很多职场人都希望能够和自己的上司像朋友一样相处，但这其实是一个误区。因为上司就是上司，即使你们的关系非比寻常，保持一个适当的距离也是很重要的，特别是异性上司和下属之间，男女之间在一起过于亲密，难免会多生事端。因此，保持一个恰当的距离可以让你在上司眼里显得更完美。如果“操作”得当，那么你的职场之路必然一片光明。

张晓萌是民营高科技公司的总经理秘书，在加入这家公司之前，她并没有秘书工作的经验。在成功应聘之后，得知自己的总经理是位男性时，她告诉自己：和异性上司打交道，一定要注意保持好距离。据同事说，张晓萌是唯一没有和总经理传出绯闻的秘书。

作为秘书，张晓萌对总经理的一些个人生活习惯和私隐难免有所了解。很多同事认为，秘书对总经理的了解是越多越好，这样就可以做总经理的“贴心棉袄”，但事实上并不是这样。即使是秘书，对上司的了解和认识也要有一定的度，有时候知道得太多对自己来说未必是一件好事情，有些事情知道了反而对自己来说是一种负担。一旦上司那些隐蔽的事情被泄露，那么秘书就是最大的“嫌疑犯”了。

所以，张晓萌在日常工作交往中，对自己的这位异性上司总是刻意保持距离。下班后，张晓萌决不参与总经理的私人生活。她的上任秘书就曾经被同事戏称为总经理的“家庭保姆型秘书”，如此细致入微的“服务”，不仅没巩固自己的职位，最后还闹出了许多事端。有前人的教训，张晓萌自己更是小心翼翼。总经理对张晓萌的做事态度非常满意，工资待遇上都给了极大的好处。

如果一个女秘书和男上司太过亲近，那么很容易就会陷入工作之外的纷争。所以保持适当的距离，出色地完成本职工作，才是打动上司的最佳途径。

因此，在职场中要与异性老板保持好距离，平时尽量减少与异性上司单独在一起的时间。与异性上司尽量少开玩笑，否则就容易给别人造成你们很亲密的假象。千万不要把自己牵扯到异性上司的私生活中，当他让你替他做一些私事时，你最好找个能够站得住脚的理由给予巧妙的回绝。毕竟知道得太多了，也不是什么好事。也不要在上司的办公室里停留过长时间，如果谈论工作，最好有第三者在场，以免给人留下“你是上司的心腹”等印象。还要注意在异性上司面前的言行举止，以免被别人误认为你与异性上司之间有不明不白的关系，使自己处于非常被动的境地。

礼仪点睛

很多职场人员都希望自己的异性上司能与自己像朋友一般相处，其实这是一个很大的误区。上司就是上司，这应该是一个原则性的问题，即便你们的关系达到非比寻常的地步，也应该保持着适当的距离，否则很容易生出一些不必要的事端。保持恰当的距离会让你在上司的眼里显得更加完美，让你的职场道路一片光明。

夫妻与同事，别让融洽的关系变得尴尬

你想象过和自己朝夕相处的丈夫或者妻子成为同事吗？在现实生活，这种现象并不是没有。当夫妻在同一家公司上班的时候，彼此之间应该如何自处，这对于那些同事夫妻来说，是一个难题。

比如，当你在公司年度的总结大会上慷慨陈词公司下一步的蓝图规划时，你公司的行政主管，也就是你的妻子，在这时候却提出异议，让你注意一下开源节流，我想这时候你的脸色一定不是很好看。

小玲和阿伟是一对恩爱的夫妻，两个人为了能够有更多的时间在一起，经过不懈的努力，调到了某公司的同一部门，成为同事夫妻。但自从两人多了一层同事关系后，感情并没有像两个人所想的那样，不但没有更加亲密，反而常常莫名其妙地吵起嘴来。

对此，小玲和阿伟颇为烦恼，原本是一件好事，但为什么没有得到想要的结果呢？这是怎么回事呢？

当夫妻两个人成为同事以后，两个人有了很多其他夫妻没有的乐趣，但也同样多了很多别人没有的苦恼。有人说好，因为夫妻成为同事以后，可以经常相伴，在工作上能够相互支持、相互帮助；且在公司发福利的时候，一发就是两份；最主要的是，夫妻工作在一起了，可以避免第三者的插足。也有人说不好，因为我们常说“距离产生美”，原本就相濡以沫的夫妻在公司低头不见抬头见，说话声音大了，对方就能够听得一清二楚，这样一来，便会暴露很多缺点，彼此之间缺乏了美感，对夫妻双方都极为不利。

李相与陈璐同在一家国有单位工作。李相在技术部，妻子陈璐在财务

部，但他们能很好地处理同在屋檐下工作的尴尬。在他们看来，在单位中只能同事，在家里他们才是夫妻。虽然他们在生活上可以相互迁就，但在工作中却必须保持自己的原则和立场，以同事的身份相处。正是基于这样的原则，再加上俩人的工作性质和工作部门又不一样，所以他们能把夫妻关系和同事关系处理得恰到好处。

夫妻俩每天早上走进单位大楼，说声“再见”，就会直接去各自所在的部门，如果没有特殊原因，在八小时内，他们绝对不会串门甚至通电话。他们经常是一天都不碰面。在工作时他们一直保持着纯粹的同事关系，而且他们两个人也都喜欢以坦荡示人。因为夫妻两个人在一家公司里，自然也会有同事对他们的关系抱有异议，但他们并没有逃避、退却，而是一直相互帮助，在工作中遇到麻烦事时，就会商量着解决，所以工作起来也很轻松。

夫妻俩在下班后会互发短信，约好在大门口碰面的时间，然后结伴回家。李相总向同事们说：“夫妻俩共事，最大的好处就是不用接老婆下班。俩人一起打的上下班，不但方便，还节约了时间和开支。”虽然他们同在一家公司上班，但由于工作性质不同，对彼此的业务当然也不熟识，而且有些内容也涉及公司的机密，所以他们回家后就尽量不谈工作，而是保持着轻松的状态。当两个人在工作上发生意见分歧时，绝对会坚持自己的立场，不会因感情用事而破坏原则。

这对在同一屋檐下工作的夫妻，因为懂得如何扮演好同事与夫妻的角色，所以没有尴尬，而是相处得非常融洽，在生活中也获得了很多欣喜和便利。其实，当你也想与另一半同处一家公司时，如果做到以下几个方面，同事夫妻也应该是件非常美满的事。

▲ 要认识到，如果夫妻成为同事，那么很容易搅乱两个人工作和生活的

界限。

有时候两个人尽管在工作上是同事，却往往用夫妻恩爱的标准去要求对方；而且即使下了班本来是生活时间，但两个人会不可避免地谈论到工作，结果导致生活时间逐渐没有了。像这种夫妻，很容易变成一种“同事非同事，夫妻非夫妻”的关系。

▲ 在心理学中有“内部界限”与“外部界限”之分。

所谓内部界限，就是指一个人内心很明白自己在做什么，明白自己的角色并且积极地去适应角色。而对于同事夫妻来说，很多人并不明白这个界限，常常混淆了它们，因此造成争吵或者不开心。

其实，我们要认清自己内心的界限，既在办公室内，在工作的时候，是同事关系；而在生活中，才是夫妻，千万不要拿另一个领域内的关系模式来套现在这个关系领域的关系和行为。

▲ 当同事夫妻能够处理好彼此的关系，那么就经常会产生融为一体的感受。

因为同事夫妻在一起的时间特别多，彼此可以交流的领域就变得相对宽广，所以很容易成为事业上的伙伴、生活中的良友。因此，只要同事夫妻能够处理好工作和生活的界限，那么就很容易成为一对幸福的夫妻。

比如，在那些公共场合中，特别是办公室中，夫妻双方要尽量避免谈论私事，也不需要去特别强调你们是夫妻，彼此之间的相处不要太过亲密或者刻意疏远，一切应该做得自然随意；如果在午休时间的话，应该尽量避免单独在一起吃午餐，而要尽量和一群人一起吃午餐，不要让同事逐渐疏离了你们；同事夫妻一起上下班时，一定要小心迟到、早退的事情。另外，如果夫妻双方因为公事而引起了争执，要懂得低调处理，不要在言语上起什么冲突，以免让旁人不知所措。总的来说，同事夫妻之间合宜的行为举止，不但能够避免自己遭遇尴尬，同时也避免了周围同事的难堪。

▲ 夫妻之间如果成为同事，需要一个磨合的阶段。

在这个阶段里，出现争吵是很正常的，这时候夫妻双方若能够加强交流，那么是能够逐渐向融为一体的阶段发展的。如果夫妻之间能够经过这一阶段，感情就会变得更深厚，在工作上也会更加得心应手。

礼仪点睛

同事夫妻经常会因为工作的关系而产生矛盾，因为大家所面临的是同一种场景，因此难免会对工作中的一些事进行讨论，进而争吵。要想避免这种现象的产生，就要认识到夫妻之间有矛盾是正常的，在此基础上精心调整和交流，让彼此互动起来，这样的同事夫妻才是最好的。

第四章 与领导相处礼仪，进入职场就要明白自己是谁

- ◎ 勇敢与上司交流，留下一个美好的印象
- ◎ 主动汇报工作，让领导看到你的努力和礼仪
- ◎ 上司的事，还轮不到你擅自做主
- ◎ 认真倾听领导讲话，成为一位好观众
- ◎ 当面纠正领导错误，失礼且不会有效果
- ◎ 对领导说“不”，讲究方法和技巧
- ◎ 别给领导丢面，出席活动要着装得体
- ◎ 私下偶遇领导，彬彬有礼地留一个好印象
- ◎ 辞职礼仪，别让分手显得很难堪

勇敢与领导交流，留下一个美好的印象

很多刚毕业的大学生由于内向、害羞，加上慑于上司的权威而不敢与之交流。这是不自信的表现，对工作的开展十分不利。其实上司并不是那么不通情理，他也会与别人交流。任何一位上司，都愿意及时了解下属反映的情况，因为他想从中了解一些存在的问题，并找出解决的方法。

但在和上司交流的时候，也要注意尺度的掌握，这不仅对上下级的来往有帮助，而且还能在上司面前展露你的才华，使你给上司留下一个美好的印象。

一次，公司要召开经理级会议，领导要求李琦拟写会议日程和安排的任务，并且下发到每位参与会议者的手中。李琦很快完成了任务，并把提纲以电子邮件发到领导的私人信箱里。领导在开会前两天很不满意地问李琦为什么还没有看到她的计划，李琦则回答领导几天前就将计划传到了她的邮箱。领导说那几天忙于洽谈业务，疏于检查邮箱，她提醒李琦以后一定多注意，再遇到类似这样的事情一定要多打几个电话追问一下。后来，李琦又因粗心在工作上犯了错，领导由此对她产生了不好的印象。

“千万不要自以为已经发出的邮件，对方就一定能在第一时间内收到；

更不能对传达信息不做核对就寄发给收件人。”这是李琦的教训。要想让上司转变态度，恐怕还需要很长的一段时间，那么，李琦可能近期内都不会得到提拔了。

职场人必须永远牢记在心的生存守则就是和上司搞好关系。不论是升职还是加薪，上司都牢牢掌握着你的职场前途。所以，能否很好地和上司进行沟通交流才是你升职与否的关键所在。

沟通一定要有效，经常沟通并不意味着你的沟通是有效的。促进团队合作和个人的职业发展需要的是有效的沟通。职业发展到一定阶段，白领的发展瓶颈就集结在人际沟通上。上下级沟通不畅导致业绩不佳和人际关系紧张的情况也不在少数。

所以，职场人士必须注意培养自己的“办公室情商”，这样才能在竞争中占得先机。作为下属，沟通是吸引领导目光的重要手段。话不说不清，理不道不明。**沟通是一门学问，也是一种艺术，沟通往往能带来意想不到的效果，例如像消除隔阂之类的事情**。就算上司的态度再冷淡，你也无须泄气，态度积极才能解决问题。注意，谈心的场所也尤为关键，一定要找一个适合的场所，并选择好时机，在整个谈话过程中营造出随意、自然的气氛。

是金子总会发光，但假如金子掉在灰堆中，它的光芒也会被灰尘所掩盖。一个有能力的公司普通员工，想要在众多精英人士中脱颖而出，就得表现得与众不同，让上司的目光停留在你的身上，这不是简简单单的邀宠。当今的领导眼光很特别，阿谀逢迎这一套对高瞻远瞩的领导已经不再受用，即便受用也只能是那些下三流的领导。

在日常的工作中，怎样才能够与上司进行有效的沟通呢？

▲ 主动汇报

如果你抱怨上司不重视你，请先扪心自问一下，你会主动向上司汇报工作进度吗？做到这一点很重要。主动汇报是你与上司进行有效沟通的一个前提。

▲ 不忘充电，努力学习

一个人只有设身处地地为上司着想，才能让自己了解上司。上司想到什么你也要想到什么，上司看到什么你也要看到什么，这样你与上司沟通起来就容易了。心有灵犀一点通，是与上司沟通的最高境界。

▲ 接受批评，错不过三

一个人第一次犯错是因为无知，第二次犯错是因为不小心，第三次犯错就不可饶恕了。所以，在一件事情上你千万不要第三次犯错，否则你的饭碗就要丢了。

▲ 不忙时主动帮助他人

当你的同事做事不顺的时候，或是在你闲暇的时候，你应该伸手施以援助。你这样做，不仅会得到上司的赏识，还能博得同事的好感。

▲ 接受任务时心甘情愿

有的时候上司临时交代一些事情，下属就很不乐意，一副死不甘愿的样子，这种下属是最让上司反感的。想要给上司留下好印象，那么凡是上司交代的任务一定要无条件接受，并要圆满完成任务。

礼仪点睛

学会与领导沟通，勇于与领导沟通，让领导看出你的与众不同，这是每一个员工，尤其是刚毕业的大学生必须学会的本事。这不仅是办公室“情商”的表现，更是职场礼仪的一部分。若你一直默默无闻，领导也看不出你的才能，不仅是你的损失，也是公司的损失。所以，学会与领导沟通，是职场人士必须做到的事情。

主动汇报工作，让领导看到你的努力和礼仪

在工作中，领导不可能面面俱到，清楚了解每个人的工作进展情况。职员要想让自己的上司对自己刮目相看，可以主动向上司汇报自己的工作进度，这样一来，上司既会看到你的努力，也会因你对他的尊重而欣赏你，会觉得你是个懂得礼仪的人，同时又是一个上进的人。

很多员工只知道一味苦干，每天兢兢业业，本以为自己做出的成绩能被领导注意到，没想到领导却怀疑自己是不是真的在努力工作，有什么奖励、功劳也都被其他会邀功的同事抢了先机，为此心里非常委屈。如果我们能注意在工作的时候多向领导汇报自己的工作进度，就能让领导清楚地了解你的努力和付出，领导也会因此欣赏你的勤奋能干。

钟瑞珊和张慧颖同时进入一家公司，经过半年的培训学习，两个人进入了同一个小组。

过了一段时间，组长交给他们每个人一项任务，让他们在一个月的时间内独立完成两个不同的策划案。

钟瑞珊接到任务后想：“这可是一次表现的机会，我一定要加把劲努力完成。”然后她就摆出了拼命三郎的架势，卖力工作，力求把任务完成得尽

善尽美。过了十天，组长过来询问钟瑞珊："怎么样？进行得顺利吗？"钟瑞珊说："很顺利，一切正常！"其实她正处于一个瓶颈期，并不顺利。

而张慧颖接到任务后，第一件事就是询问组长："组长，这个任务要求达到什么样的水平，有什么标准吗？"组长随即详细地将一些标准和注意事项交代给张慧颖。刚开始，张慧颖每隔三天就去向组长汇报一下自己的进度，并询问自己完成的部分是否有需要修改和调整的地方。过了半个月，张慧颖已经顺利地上了手，但仍旧每周向组长汇报自己的工作进度和出现的问题。

一个月以后，钟瑞珊和张慧颖两个人同时拿出了一份策划案。组长认真地看了一下，钟瑞珊的策划案内容虽然丰富，但是有些杂乱，还有好几处明显的错误；而张慧颖的策划案清晰简明，同时内容完整充实，是一份非常成熟的策划案。在小组会上，组长表扬了张慧颖，说张慧颖的任务比较难却仍旧按时按量完成了，对钟瑞珊则简单地提了几句，让她以后在工作中再细心一些。钟瑞珊心里很委屈："我到底哪里做得不好？"

每一位上司的心中，对自己的下属多多少少都会有这样的疑虑，手下的员工每天好像都很忙，但又不知道他们在忙些什么，直接开口去问好像又显得不够信任他们。所以，很多领导要么以为员工偷懒，要么以为员工的任务太过简单。作为下属，最妥善的做法就是主动向上司报告自己的工作进度，让上司放心，不要等事情做完了或上司询问时再讲。职场女性如果能经常向上司报告，让上司知道你的工作进度，让他放心，才能对你产生好印象。

此外，主动向领导汇报的做法是规避错误的最佳方法。有时我们在工作中不自觉地会产生一些小小的错误，如果没有及时发现，发展到后来就会变得无法收拾。早早地向上司汇报你的工作进度，一旦有错误，上司可以及时地指出来，避免你在今后的工作中发生更大的错误。

魏晓曼在公司里已经两年了，因为自己的顶头上司管理的区域太大，工作太繁忙，她几乎没有机会得到上司的指导。魏晓曼想，与其坐等，不如主动出击。她决心主动制造机会，与自己的上司就工作的问题谈一谈。

一天，公司开完阶段会议后，同事们纷纷离开公司，只有魏晓曼留下加班。借着去茶水间冲咖啡的机会，魏晓曼遇到了自己的上司王主管。魏晓曼赶忙打招呼："王主管，您怎么还没有下班？"

王主管看见是魏晓曼，虽然是自己的直接手下，但是因为人员众多、事务繁杂，他对魏晓曼并不熟悉。王主管笑着打了个招呼："小钟啊！你怎么也没下班？"魏晓曼说："哦，我整理完今天的会议笔记就走。对了，王主管，我有件事想问问您，耽误您几分钟可以吗？"

王主管也没有推辞，魏晓曼飞速跑回自己的办公桌，拿起近期正在做的一份报表就去找王主管，"王主管，这是上个月您交给我的工作任务，我已经进行了60%，您看看有什么问题吗？"

王主管认真地看了看魏晓曼的报表，非常欣慰："做得不错！我最近没顾得上你，没想到你的效率这么高！看来你能够胜任更难的工作了。怎么样，做完这个，有没有勇气接受更难的任务？"

魏晓曼早就想有个提高的机会，自然赶紧表态说自己经得起挑战。此后，魏晓曼逐渐受到了王主管的重用，成为王主管最得力的几个手下之一。

员工在向上司汇报自己的工作情况时，可以对自己的工作提出一些改进的意见，然后征求上司的首肯，上司会觉得你是一个有责任心又肯动脑子钻研的员工。主动汇报自己的工作情况还能让上司对你的情况更加了解，当他看到你的才干之后，也会更加器重你。

礼仪点睛

主动向领导汇报工作，一部分原因是为了让领导看到我们的努力，默默无闻的辛勤付出已经不适合现代的职场规则；同时，主动汇报更能让领导感到你对他的重视。每一位领导都是需要存在感的，当你什么工作都需要领导来询问时，可想而知他对你会是什么看法。

上司的事，还轮不到你擅自做主

在职场上，无论什么时候，你都不要擅自替上司做主，尤其是大学毕业生刚入职的时候。除非上司授予你这个权力，否则你这就是越权行事，这不仅是不尊重上司的无礼行为，更会让上司对你产生反感。

作为职场中人，你要明白“该说的时候才能说，该做的时候才能做”。假若在不该说的时候乱发表意见，不该做的时候擅自做主，上司会对你的这种行为感到非常厌烦。这往往也是职场新人常犯的毛病。作为职场新人，你更应该知道，不管你帮上司处理了多少事情，也不管上司多么糊涂，甚至到了依赖你的程度，他还是你的上司，事情最终还是由他来决定，你得给他面子，因为出了错他是要负责的。

一家杂志社为一个作家做了一期专访，杂志出来后，作家收到一本。他想多要几本送给自己的朋友，于是给杂志社的主编打电话，没人接听。他又给这家杂志社的其他部门打电话，杂志社里的一个女员工接听了电话。“麻烦你转告一下主编，这期杂志我想多要几本。”

“原来是这样啊，没问题！您直接派人过来拿就成。”女员工非常爽快地答应了作家的请求。这位作家在驱车赶往杂志社的途中接到了主编的电话：“非常抱歉！我刚才有事出去了，不在杂志社，您收到这期杂志了吧？不够的话，我再派人多送几本到您那里。”

当主编弄清事情后，稍微停了一下，他问道：“可是，对不起，您能告诉我是哪位员工让您现在来取？”作家很纳闷，问道：“难道这有什么不妥吗？”

“当然没问题，您要几本都可以，我只是想知道，是谁自作主张的。”

当这位主编知道是某位员工帮自己做了主张以后，结果不难想象，那位擅自替主编做主张的员工免不了受到主编的一番责备，而且她在主编心目中的印象肯定会大打折扣。既然是客户点名要你转告主编的，作为下属，你就应该去执行，而不是擅自替主编做主，这是越权的行为，也是主编最为反感的行为。因为你不给主编面子，是对他权威的挑战，主编能不对你发火吗？

作为下属你应该明白上司就是上司，下属千万不要自作聪明，真正聪明的下属懂得什么事情不该做、什么事情该做。

“不好了！不好了！”刚接完电话，张经理大声叫了起来，“那家便宜点的公司的产品根本不合规格，还是张领导公司的好。”他狠狠地捶了一下桌子，“可是，当初我为什么那么糊涂呢？还写信把他臭骂了一顿，说他是个骗子，这下可麻烦了！”

“谁说不是啊！”女秘书转身站起来，“我那个时候不是说过，遇事一定要冷静，然后再写信，可是您不听啊！”

“都怪我当时气昏了头，以为我上了这小子的当，难怪别人的产品那么便宜？谁知道是不合格产品。”张经理来回踱着步子，指了指电话，“把张经理的电话告诉我，我亲自打过去道歉！”

女秘书却笑了起来，她悄悄告诉张经理：“不用打！实话告诉您，您的那封信我根本就没寄。”

“没寄？”张经理大吃一惊。

“对！”女秘书自鸣得意地说。

“嗯……”张经理坐在沙发上，如释重负，停了半晌，又突然抬头问，“可我当时不是叫你立刻发出的吗？”

“是的。但是我猜到您事后会后悔，所以把这封信压了下来。”女秘书对自己的小聪明很是感到自豪。

“压了三个星期了？”

“对！这是您没意料到的吧？”

“我是没意料到。”张经理却低下头，开始翻记录日程安排的记事本。“但是，我让你办的事情，你怎么能瞒着我不办呢？是不是最近发往美国的那几封信也被你悄悄压了？”

“这我可没有啊，”女秘书听到这里更扬扬自得了，“我做事有分寸，知道什么该做、什么……”

“反了你，这里到底谁是经理？”张经理立刻从沙发上站起来，厉声问道。这是女秘书没有想到的结果，她当时就流下了眼泪，随后，她委屈地问道：“我做错什么了？”

“说你错，你就是错了！”张经理斩钉截铁地说。

作为刚参加工作不久的你或许会认为这位女秘书因为私自压信解救了公

司的危机，那位张经理不但不感谢他，反而恩将仇报。假若你的心里是这样想的，说明你还不熟悉职场中的游戏规则。在职场上，身为一个下属要做的第一件事就是要服从，这是十分重要的。

这个女秘书瞒着张经理擅自将信压了三周，她的这种做法就是一种越权行为，就是对经理权威的挑战。让这样“暗箱操作”的人做事谁能放心呢？要知道经理毕竟是经理，事情是好是坏都是他说了算的。

有些时候，员工擅做主张带来的后果虽说并不是负面的，但是，擅做主张是上司最反感的行为。其实不在于他这样做的后果是否让公司蒙受了损失，一般来说，这种损失是十分微小的，真正让上司动怒的原因是下属越权的行为以及下属对上司权威的挑战。上司往往会把下属的这种擅做主张的行为与下属对自己的态度联系起来，最后认定这种做法不仅是对自己的无视，也是在工作经验与能力方面的欠缺，是办事不稳重的表现。这样一来，下属或许无意中的一次越权行为，就会造成上司在以后工作中对自己的不信任和不支持。这种不信任也不是谁一天两天就能改变的，对自己前途的影响是可想而知的。

所以，作为职场中人，有什么问题尽量和你的上司去沟通，千万不要随便地为你的顶头上司作决定。

礼仪点睛

身在职场，上司的权威是最不可挑战的。如果一个员工，尤其是新进入职场的员工，擅自替上司做主，会让领导觉得你不懂职场礼仪，更不懂职场规矩，而且也是在挑战他的权威。试想，哪个上司会喜欢这样的员工呢？因此，进入职场，与上司沟通时，切记不可越位，不可挑战他的权威，要给予上司足够的尊重。

认真倾听领导讲话，成为一位好听众

相互沟通是与他人建立良好关系的前提，而在职场中，你最需要建立良好关系的人莫过于你的上司了。有时很多员工觉得和上司沟通很难，但是一次开诚布公的交谈、一个认真倾听的态度往往会使得你与上司的关系获得出乎意料的进展。

认真倾听领导的讲话是一种低姿态，也是一种表示对领导尊重的礼仪。它潜在的含义是，尊重领导的权威，认同领导的意见和观点。认真做上司听众的下属，能够表明自己对待领导的态度是认真的，并能充分地尊重领导的意见。

学会换位思考，当别人认真倾听我们谈论某件事的看法时，我们是不是有一种满足感？可能同时会有一种比对方强的优越感，在不知不觉中，我们就拉近了与对方的心理距离。同样的道理，当我们甘愿做领导的忠实听众，也会产生这种效果。**在与领导的交往过程中，要学会用心倾听领导的谈话，不但可以在领导的谈话中学到一些经验和知识，这还是一种很好的交流方式。**

杜子纹是一个谦虚好学的人，但是初进公司的时候，因为年轻不懂事，她与上司的关系并不太好。为了让他们之间的关系更为融洽，杜子纹开始关注自己的上司。

当杜子纹得知自己的上司喜欢瑜伽，便开始三番五次地创造机会向上司请教瑜伽的奥妙之处。由于杜子纹摸到了上司的爱好又能够虚心讨教，一来一往之间，上司也改变了自己对于杜子纹的偏见，耐心地向她讲述一些修习瑜伽的经验，并热情地推荐杜子纹加入瑜伽练习者的行列。上司一讲起瑜伽就滔滔不绝，杜子纹每次都以非常感兴趣的表情认真听上司讲。

领导作为一个职场的优越者，在任何时候，都会愿意对别人说一些自己的经验之谈或者炫耀一下自己的功绩。作为领导，自然喜欢扮演演说家的角色。当你专注地看着领导、听着他的讲话，并不时做出回应时，他们会觉得自己受到关注，被他人需要，被他人敬重，于是也就非常乐意与你交往，对你产生好感。

做领导的听众还有一个好处，你可以认真聆听领导在某一方面的想法，这些想法有助于你弄清楚他的真实意图。有的时候领导会装作无意地说一些不相关的事情，细心的你也许会从领导的口中得到一些重要的情报，而这些是非常有利于你的职场发展的。

王慧珊经常和领导聊天，领导也经常给王慧珊讲一些他的经历和感触。有一次，领导对王慧珊说："一个人能不能成就事业，并不是看他多会做事、技术多好，而是看他会不会做人。"王慧珊马上来了兴趣："您是不是有什么类似的经历啊？"

领导的脸上显现出一种沉入回忆的表情："是啊！我刚刚走进职场的时候，真是一个什么都不懂的毛头小子，以为凭着自己的一股干劲就能够在事业上有很大的成绩，结果却因为不懂人情世故而处处碰壁。有一段时间，我平均每三个月就会换一份工作。第一份工作，我不懂和上司、同事进行沟通，闷头干活，结果因为交流不够，工作频频出错。第二份工作，因为同事在我背后说坏话，我非常生气地跟同事大吵了一架，结果影响很不好，无奈离开了公司。后来的一份工作，又因为得罪了客户而被辞退。时间一长，我渐渐地长了心眼，经过几年的打拼，这才开办了自己的公司，还在客户圈子中有一个很好的人缘。”

王慧珊在听的过程中非常专注，不时地点头和微笑，领导说完了之后，王慧珊说：“领导，您真是一个善于改善自己的人，我觉得在您手下工作，收获非常多。我以后也要向您学习，要做事，先学会做人。”

领导乐了：“你还真是现学现卖，马上就会说话了！好好干，年轻人的路还长着呢！”

很多人苦于没有机会与领导交流，如果领导主动和自己聊天谈话，可以打开自己与领导之间的交流僵局，增加领导对你的印象和兴趣。认真倾听会使领导产生心理满足感，还能够使领导觉得你有上进心和进取心、谦虚好学，对你更为看重。

倾听上司讲话是一门艺术。做领导的听众，是一个让你能够赢得青睐的绝佳时机，领导会因此更容易赏识你，也更愿意栽培你。认真倾听领导的讲话也是一种适度的恭维，是一种增进双方情感交流的方法。如果在与上司谈话时，你能聚精会神、全神贯注地聆听。那么，你就会很快地听出你的利益，听出你晋升的职位。你让上司一吐而快，让他觉得有成就感，从而对你更加看重和亲近，这其实是一个双赢的过程。

礼仪点睛

认真听取领导的谈话只需要贡献一双耳朵，你并不会损失什么。当然，在倾听的时候你的态度一定要专注，不要在领导说话的时候打哈欠、看时间、左顾右盼，这样会让领导觉得非常扫兴，从而觉得你根本不尊重他，那他自然不会对你产生好感和信任。在倾听上司说话的时候，聪明的员工还要适时做出回应，这表明你在认真地倾听。你还可以发现一些领导喜欢的口头语，从而推断出他的性格和喜好。

当面纠正领导错误，失礼且不会有效果

当你和上司的意见出现了分歧，又迫于上司的压力，总有些话如鲠在喉，那么你该怎么办呢？切记不可有话直说，聪明的员工是这样做的：看清领导的性情，选择适当的时机。

一般说来，那些在日常生活中比较情绪化的上司通常都比较爱面子，因此要尽量避免在公开场合发生反对性意见的“正面交锋”，可以采取书面报告、汇报工作、单独谈话等方式，将你的建议比较和缓地表达出来，这才是最佳的选择。

由策划总监李军带队的小组就新品推广制订出了一套较为缜密的执行方案后，开始向下属们公开征集改良建议。

新人安安很想针对其中的一些细节发表自己的不同看法，但是周围人都劝他“不要质疑领导的主张”“领导说啥就是啥”。难道自己果真只有做“哑巴”的份儿吗？安安不甘心，觉得有意见就要提，哪有不说的道理。于是，他当场指出了这个方案的不足之处，并自认为可以借此消除在同事中略

显平庸的形象。然而总监李军并不买账，最终虽然采取了安安的建议，心里却对这个年轻人有了看法。

即使你用心良苦，但是过于直白的纠错言辞仍会使上司在拼命维护自尊心的情形下难以关注问题本身。因此，如果你想借机摆脱平庸、脱颖而出，那么主动向上司开口的技巧就非常重要。应该尽量选择没有第三者出现的场合，单独向上司表达看法，而且一定不要专程纠错，务必选择汇报工作、讨论方案等时机酌情“下手”，言辞方面也要事先帮上司找好台阶。

很多员工心直口快，不懂得遮掩和委婉，领导犯了错误，就当众毫不留情地指出，让领导觉得很没有面子；还有一些员工，说话太过尖锐，领导虽然明白是自己的错，但是心里会非常不舒服。忠言就像良药，往往会让人觉得苦涩，那么我们何不在良药外面裹上一层糖衣，让听的人容易接受呢？

张芳走进上司的办公室，向上司汇报自己的产品推广策划意见，上司看了看张芳交上来的材料，对张芳说：“这份陶制餐具的宣传推广策划非常好，我决定了，这个周末就在周边的小区进行宣传活动！”

张芳一听，这么重要的产品推广宣传，连市场调研都还没开始进行，就急着搬上日程，上司也太自以为是了。急性子的张芳马上提出了反对意见：“部长，你的决定太草率了，我们不是应该先做调研，然后再决定如何进行宣传推广吗？”

上司瞪着眼，“什么？草率？做事业就得抓住机遇，等你把调研结果拿出来，说不定别的品牌已经宣传完了，把顾客都吸引过去了！小张啊，做事不能太畏首畏尾。”张芳挨了一顿训，闷闷不乐地离开了上司的办公室。

过了两天，张芳的上司宣布，对于新研发的陶制餐具先进行市场调研，再根据情况进行产品宣传，并且把这项原本由张芳负责的项目全部交给了邓晓蕾。

邓晓蕾其实和张芳的观点是一样的，但是她并没有直接指出上司的不足之处，而是私下里提醒上司道："部长，您一贯果断有魄力，我真是应该向您学习，不过，咱们这种新型的陶瓷厨房刀具造型精美，价格也比较贵，属于高档餐具，而周边小区的住户大多是工薪阶层，我担心咱们搭上了时间金钱却白费工夫。您觉得呢？"

上司觉得邓晓蕾说得很有道理，不但对邓晓蕾赞赏有加，说她考虑事情仔细周全，还将这个项目从调研到宣传全权交给了她处理。

领导也不是无所不能的，在工作中出现一些纰漏或失误也很正常。面对这种情况时，有的人会抓住问题不放，直截了当地点明领导所犯的错误。而这样的批评就像一把双刃剑一样，一方面解决了问题，指出了错误；另一方面却让领导非常不舒服，或许会让你的加薪和升职遥遥无期，甚至丢掉饭碗。

领导也是平凡人，并不一定能做到宽容大度、不计前嫌，要想职业之路顺畅，就千万不要得罪领导。领导喜欢聪明识趣的下属，说话太过直接的人在职场只会步步难行。要想获得领导的好感和重用，在能干之外还要会说。

怎么说才能既进忠言，又让领导欣然接受而不对你产生反感，一定要掌握进忠言的说话技巧。批评的话，要学会给领导留面子；提意见的话，最好说得像建议；反对的话，要委婉地说。只有这样，领导才会更为赏识你、重用你，你才不会遭遇职场"雪藏"。

聪明的人不会说让领导损失颜面的话，而懂得用委婉的语气让领导意识到自己的错误，还会为领导找个台阶下，可谓一箭双雕。比如，在指出领导对某一项工作内容考虑不够周全或者出了什么差错的时候，聪明的人不会急着指出领导的错误，而是有选择性地说一些赞美领导的话，然后再从中引导领导认识到自己的疏忽，这样领导就不会觉得丢面子，还会对你的意见欣然采纳。

礼仪点睛

在职场中，要做一个有责任心的职员，面对领导的疏忽和失误，一定不能视而不见，要有勇气向领导提意见。如何提意见，则是一门很深的学问。直言以对固然是一种勇气的体现，但这样会让领导对你产生不好的印象，还会影响你的职业发展。因此，要懂得婉转地表达，给你的领导一个台阶，既让他知道自己的方案也许有失误，又不伤害他的面子。

对领导说“不”，讲究方法和技巧

身为受儒家思想教育的中国人，平时面对朋友或亲人的要求，很难说出拒绝的话，而进入职场后，就更是如此。因为很多人性格内向，且从来没有谁教过如何拒绝这门课，因此，不知道拒绝的理由该如何说出口，而面对上司很多要求时，更加不敢拒绝。在职场中的员工，想要拒绝领导的要求时，不仅需要很大的勇气，而且需要一定的技巧和方式方法，不然完全有可能得罪你的领导，严重的话还会丢掉你的饭碗。

面对上司的不合理要求，要采取先肯定后拒绝的态度，例如“我知道您的难处，但您是个通情达理的高人，我相信您也能理解我的苦衷，所以……”“我明白您的意思，我也赞同您的看法，但是……”，以及“如果这件事换作是我，我也会这样做，只是……”

李雅兰的总经理是个等级观念森严的强硬派，就算是明摆着看起来离谱的要求，大家也都纷纷说是，不敢违背。

一天，公司接了一本杂志，全体开会讨论如何提升发行量。老总对李雅兰说：“下周末组织你们策划部的人上街卖杂志，还要动员员工家属购买，打五折。”李雅兰听后很不高兴，心想我们就算天天摆地摊卖杂志也扩大不了发行量，但她咳嗽了两声，忍住了。

周五，大家等着李雅兰通知加班时间，她却一下班就急匆匆地走掉了，仿佛忘了一样。过了一周，老总来问李雅兰卖了多少本杂志，李雅兰拿出一份详尽的计划书，上面罗列了上街摆地摊卖报的准备事项以及所需的大笔经费。李雅兰说要做就要做好，因此周末加班赶制了这份计划书。老总看到了这么大费周章的计划书和这么大额的经费，便望而却步了。

李雅兰看似接受了老总的任务，实则是拒绝，不仅有利于减轻公司的负担，还帮同事省去了很多麻烦，大家都很感激她。

如果在某种情况下不能直面拒绝，不妨先采取暂缓的原则。曾国藩有句经典名言：“事缓则圆。”因此，缓兵之计是解决棘手问题的上策，既不得罪领导和客户，又体现了自己的沟通能力。在为领导工作的过程中，缓兵之计的用处还是很多的，比如说遇到有人向你提出一些要求，但是你既没有办法办到，又因为碍于压力不能过于直接地拒绝，这时就需要用暂缓原则，先答应下来，然后再给他一个交代。

王莹莹的上司每次约见重要客户都要带着王莹莹，王莹莹已经成了公司里有名的“交际花”，这不免为她带来许多困扰。上司还常发话：“这是重要客户，不能得罪。”很多时候，王莹莹都忍着，不知道该如何拒绝上司、拒绝客户。

一次，王莹莹在工作中认识了一位老总，老总对她一见钟情，频频向她发出私约邀请。出于不得罪的规矩，王莹莹每叫必到。渐渐地，这位老总的爱情攻势更加猛烈，王莹莹想来想去，决定要和上司好好谈谈。

第二天，王莹莹找到上司，明确了自己的观点：“我认为工作和爱情是两回事，如果是工作上的交流应酬，我很乐意去做，也有义务去做。但请您保留我的隐私，不要将它告诉别人，这样会给我带来不必要的烦恼。”

随后王莹莹又找到了那位老总，告诉他：“如果你真心喜欢我，就应该在乎我的感受，尊重我。请给我一些时间让我考虑清楚，我会给你一个答复。”

此后，王莹莹面对的骚扰问题减少了很多。

身在职场，我们要学会巧妙转移上司的无理要求。**不好正面拒绝时，就采取迂回的战术，转移话题也好，另有理由也好，主要是利用语气的转折——温和而坚持——绝不会答应，但也不至于撕破脸。**领导都是好面子的人，维护他的面子，就是维护你的前程。

礼仪点睛

拒绝本身就是一门学问，如何拒绝领导而又不失礼，更是一门高深的学问。我们都知道，领导是喜欢维护自己的权威，是好面子的，当他向员工提出要求时，如果正面直接地怼回去，可想而知他是什么反应，哪怕当时不会立刻表现出来，也会在内心中记住你。所以，我们在职场中一定要学会，在拒绝领导时，既要保全他的面子，不至于让他难堪，又能做到不失礼，还顺利达到目的。

别给领导丢面，出席活动要着装得体

在职场中，任何事情都有可能发生，因此你也免不了要和领导一块儿出去拜访或者洽谈业务。那么在和领导一起见客之前，你是否注意过自己的穿着呢？也许正是因为对这一微不足道的细节过于疏忽，最后给他人留下了不好的印象。在职场礼仪中，这会显得一个人非常没有礼貌和修养。

胡晓军和张海磊是大学同学，也是一对好朋友。毕业后，胡晓军子承父业，继承了他父亲的职位，做了一家公司的总经理。张海磊则只能四处奔波，到处找工作，但因为专业的关系，一直没有找到合适的工作。

这时候，胡晓军二话没说，就给张海磊在自己公司安排了一个职位。张海磊为了答谢胡晓军的情义，因此在工作上非常卖力。仅仅一年的时间，他就凭借着自己的实力当上了胡晓军的助理，经常给胡晓军出谋划策，与胡晓军一起出去谈判。

一次，因为客户需要，所以他们俩临时要去深圳洽谈业务。由于走得非常急，张海磊没有带衣服，就穿着一身休闲装去了。他知道这次并不是去正式谈判，而只是预先参观，所以，尽管这身装扮很休闲，但看起来也并无大碍。

谁知道，到了深圳以后，一切进展太过顺利，对方提出了正式签合同的想法，这下张海磊傻眼了。他穿的是休闲装，平时谈谈工作也就罢了，要出席谈判仪式还要合影留念，这按照常规来讲是不行的，但是买也来不及了，张海磊没办法，只好硬着头皮穿着休闲装出席正式谈判会议。

当胡晓军看到张海磊的休闲装后，立马就给了他一个怪怪的眼神。后来回到公司以后，胡晓军一整天都拉着脸，张海磊觉得很别扭，难道就是因为自己没穿正装就要这样对自己吗？何况自己并不是有意的。

其实，就是张海磊的休闲装给他带来了这样的后果。也许张海磊永远也不会明白，在胡晓军心里，装束不仅仅代表着个人的学识与修养，更代表着一个企业的形象。一个不尊重企业形象的人，是没有资格为企业服务的。张海磊当然不会想到胡晓军心里去，因为他们两人所扮演的角色不同。

因此，如果想做一个好员工，想得到领导的另眼相看，就要时时刻刻为领导着想，不管是在人前还是在人后。领导最忌讳的就是有人让他丢面子。职场人士不要总认为自己的穿着仅仅是为了美、为了漂亮、为了舒服，因而凭着自己的直觉和个人的爱好来选择服装。**你要记住，当你和领导站在一起的时候，你的穿着同时也影响了领导的面子和你在他心中的印象。**所以，不能随心所欲地按照自己的想法来穿，你应该考虑怎样合理地利用服装来展现自己的实力与魅力，才能得到领导的欣赏。

那么我们如何才能做到这一点呢？这就需要我们在选择着装时必须与承担的具体身份相符，最起码要符合身材以及自身的具体条件，要有意识地扬长避短，这样，才会给领导添光彩。因此，跟领导一起见人时，一定要把自己修饰得体面。以下几种穿着打扮，你不妨试着参考一下。

▲ 简洁的服装

简洁是一个人会不会穿衣服、搭配合不合适的标志。它还有个附加值：

显得优雅。如果穿着的服装不搭配，或者穿的衣服与环境不适合，那么即使衣服价值再高，也失去了优雅。

▲ 穿着随群

如果你多多观察公司内受人欢迎的同事，不论男女，他们都采取了同样的着装方式：打扮得很随群，如同一个团队中的普通一员，而不显得脱离大众。如果办公室里的每个人都打扮得很时尚，那么他们也就跟着很时尚；如果办公室里的其他人都穿得很保守，那么他们自己也就显得很保守。他们很在乎那些有关穿着打扮的、约定俗成的礼仪规范，而且严格遵循一些官方或非官方的着装规范。这样的员工领导当然愿意带着出去，因为在任何时候他们都不会让领导失望。

▲ 穿出形象

在你的职业领域中，你需要展现给上司与客户可信、可靠的形象。这一原则的关键不是制造任何视觉上的惊喜，你不可能尝试一件最时髦的但又没人见过的衣服。你应当穿上人们已经认可的那类衣服。你需要知道，多数人希望见到的你的形象是什么样。

如果你是个医疗产品销售员，你就必须有个医疗产品销售员的样子；如果你是个财务分析师，你就必须像个财务分析师；如果你是个歌手，你就必须看起来像个歌手。不要因为穿衣，而让所有见到你的人感到讶异。

如果领导让我们陪他去见客户，那么这对我们来说是一个机会，但是不要因为你的着装而让领导对你产生看法，那样的话，你将失去成长的机会。

礼仪点睛

着装得体不仅仅让你的形象加分，而且，社交场合上的服饰及附属装饰具有多种功能和含义，服饰本身就是这多种含义和功能中的一个符号体系。这个符号体系不仅能反映你的个人文化素养、知识水平和风度气息，而且对方还会由此看出你的社会地位，从而决定对你采取的态度。因此，领导通常都会很在乎员工和他一起出席活动时的着装，因为这时员工不再代表个人，而是代表着企业的形象。

私下偶遇领导，彬彬有礼地留一个好印象

当我们正走在大街上的时候，突然发现迎面走来的人不是别人，正是我们的顶头上司，而且，他的身边还有一位年轻貌美的女孩，俩人看似亲密。此时，躲避已经来不及了，那么这时候我们是上前打招呼，还是假装没看见地快速走开呢?

这是职场人士在生活中经常遇到的事情。也许在办公室里，你已经习惯了职场中的上下级关系，但是在那些非工作场合中突然偶遇自己的上司，确实是一件让很多职场人士头疼不已的问题。

小慧这几天一见到自己的上司，就颇为不安，浑身不自在，这源于上周末自己和上司在商场的那场“偶遇”。

上周六晚上，小慧和几个要好的朋友一起去聚餐，大家在吃完饭后发现时间还很早，于是就相约一起去逛附近的一家商场。在一家品牌店里，当小慧正兴致勃勃地在试衣镜前试着衣服时，突然，镜子中出现了一张熟悉的面

孔：她的顶头上司。上司并没有发现小慧，此时他正陪着一位年轻漂亮的女孩在选购衣服，还不时地凑在那个女孩的耳边说些什么。

这时候自己已经无处可躲，小慧只好转过身，装作大方的样子跟上司主动打了个招呼。相比于小慧来说，上司倒是显得颇为从容镇静，很自然地向小慧介绍道：陪亲戚来逛逛。此时的小慧已经不知所措，此刻她才不愿意管是亲戚还是情人，她只想能够赶快离开这里，免得让自己更为尴尬。

回到家里，小慧对自己的这次“偶遇”大为烦恼，心里非常不安，她不知道自己的表现合适不合适，上司以后会不会在工作上给自己“穿小鞋”。尽管自己无论如何也不会和同事谈起这档子事情，但万一有一天上司听到了什么风吹草动，会不会把这顶帽子扣到自己的脑袋上呢？这让小慧苦恼不已，不知道该怎么办。

在职场八小时的时间内，上司的目光是无处不在的，因此在离开办公室的其他时间里，相信很多人都不喜欢再碰到上司，毕竟脱离上司的目光可以说是一件幸福的事情。但事情总是没有我们想象的那般美好，那么这时候，在非工作场合遇到了上司，我们该怎么办呢？

其实上面小慧做得很正确，在不可能逃避的情况下主动大方地和上司打个招呼，以显示出自己对上司的尊敬，这样对上司来说，也不会对你有什么怨言。相反，如果你刻意去逃避的话，那么则极有可能被上司“穿小鞋”，因为对他来说，你的逃避就是对他的一种不尊重。

当然，主动打招呼也要分清场合。在一些娱乐场所如迪厅、酒吧等“偶遇”上司的话，这时候就需要我们尽量回避，以免给双方造成不必要的尴尬，这时候你的躲避即使上司看到了也不会对你产生什么想法，相反可能还会觉得你比较会处事。但在那些饭店、商场或者大街上“偶遇”上司，就不必要那么紧张，轻松自然地上前跟上司打个招呼。比如在饭店里你恰好碰见上司在跟他的朋友一起吃饭，这时候如果你能当着他的朋友的面去向他敬一下酒，那么他也许感觉非常有面子。

还有一种情况对于职场人士来说也是比较重要的，那就是和上司下班同路，那么这时候我们该如何跟上司相处呢？

张萌萌已经入职有一段时间了，作为新人，她始终牢记着老同事对她的教诲，少说话、多做事，在工作上也显得很积极主动。有件事却让她非常头痛，那就是下班后她与上司同路回家。

她的上司是一个40多岁的中年妇女，有时候她的丈夫会开车来接她下班，而丈夫忙的时候她就自己去坐地铁，而张萌萌回家坐的恰恰也是那一趟。当第一天发现上司和自己坐的是同一趟地铁时，张萌萌甚为拘束，不知道自己该说什么，好在上司只是关心地问了问她个人的情况。渐渐地，次数多了，上司很自然地跟张萌萌说起了生活中的话题，或者是办公室的那些“八卦”。这时候，张萌萌觉得特别难办，她无法把握好自己的尺度，如果自己发表观点，容易落下一个说闲话的罪名；如果不聊，难免会冷淡了上司，自己的职场日子将不好过。

后来，张萌萌想到了一个办法，就是只讲工作场合以外的事情，比如服饰、美容等，从中找到上司的兴趣，在乘地铁的时间内两个人也不再无聊，彼此分享着经验。但无论在什么时候，张萌萌都表现出对上司的尊重。结果没过多久，张萌萌就被上司推荐成为她的助理。

当我们在下班和上司同路时，对很多人来说，如何和上司相处同样是一个难题。其实我们只是把事情想复杂了。要知道，上司也是人，在脱离了工作场所以后，那么大家都是平等的。上司主动找你聊天正显示出他平易近人的风格，这时候我们大可不必紧张，可以自然地和上司进行沟通交流。

当然，需要记住的是，并不是什么事情都可以说，对于涉及别人隐私的事，必要的时候你可以装傻，简单回复几句就可以，千万不能看到上司跟自己“亲近”，就出卖别的同事，那样，上司也会看不起你的。最好的方法就是尽量谈些工作之外的话题，找到上司的兴趣点，这样，彼此之间不仅能够有话题说，而且同时也能给上司留下一个美好的印象。

礼仪点睛

在非工作场合遇到上司的时候不要太过紧张，这是不礼貌的，我们应该彬彬有礼，视情况主动上前打招呼，给他面子，说不定从此他就会对我们刮目相看。

辞职礼仪，别让分手显得很难堪

现如今社会，几乎没有人再信奉“铁饭碗”的说辞，跳槽已成为一种较为普遍的现象。俗话说：“人往高处走，水往低处流。”为了谋求自身更好的发展，为了自己的付出和回报之间能够更加平衡，辞职无可厚非。但是千万不要认为离职就意味着和过去的公司、工作、同事一刀两断，没有必要讲究礼仪。其实，优雅的离职姿态不仅反映着一个人的职业素质和诚信度，对职业形象的塑造和人脉关系的巩固也大有影响。职场人士懂一些辞职礼仪，“分手”就会更快乐！

宋晓林是一家广告公司的策划人员，平时工作认真负责，一开始对这家公司还比较满意，但随着时间的流逝，她的不满越来越多，尤其是部门总监简直让她无法忍受。

一天，宋晓林门都不敲就急急忙忙地闯进办公室，劈头盖脸地冲着总监开骂：“告诉你，姑奶奶不干了！”总监一头雾水，看看笔记本说：“你没和我约过时间吧。”“少跟我来这一套，没事谁爱来你这地方看你这张臭脸。”总监挥挥手想阻止她，但宋晓林才不理他，继续说：“我在这儿干了两年，真不知道自己是怎么忍过来的，我也不知道别人是怎么熬过来的。这是我所见过的绝无仅有的、最糟糕、最令人沮丧的公司。钩心斗角、小人当道，专在背后捅人刀子……这地方简直令人作呕。现在姑奶奶的桌子统统清干净了，中午前就要离开这个鬼地方。我来只是要告诉你我是怎么看你以及其他同事又是怎么看你而已。在我眼中，你简直连狗屎都不如！再见，后会无期！”说完，宋晓林“哐”的一摔门，留下总监和一办公室的人愣在那里。

这个公司的确一塌糊涂，尤其是这位总监，想扣谁薪水就总有办法挑得出刺。全公司想把他拖出去“扁”一顿的大有人在，可真敢落实到行动上的，宋晓林还头一个。

“姜还是老的辣”，尽管总监的脸被气得煞白，但没忘吩咐同事：“这个月的工资扣着，也不要帮她办转移关系的手续。哼！她想跳，还要问问我肯不肯呢！看她几时来道歉！”得罪了上司，日子又怎么能好过呢！

实际上，辞职也是一门学问。如果你不掌握一些辞职的技巧，不懂得辞职的必要礼节，就很有可能给自己造成一些不必要的麻烦或损失。

跳槽和做人一样，讲究的是好聚好散。世界很大也很小，虽然跳出了这个公司，但日后还是同行，将来还会有合作的机会，所以，不如善始善终，优雅地说“分手”。那么，职场人士如何才能做到这一点呢?

▲ 辞职的理由要坦诚

最好的办法就是直接跟主管提出辞呈，而且诚实地说明辞职的原因。有些人可能会选择欺骗，这种方法或许可以避免尴尬，但万一很快穿帮，被原公司发现真相，难保你的信誉不受影响。

另外，辞职也许会使你的上司变得情绪化。因为当你告诉你的上司你要辞职的时候，实际上是在说你要“炒”掉他。他也许会感到惊讶或者生气，但无论怎样你都要保持职业风度，心平气和地向他说明辞职的缘由。

▲ 递交辞职信

一封合格的辞职信一般应包括离职原因、离职期限、工作交接、向公司表示感谢的礼貌用语，也可以再加一些个人意见和建议，推荐合适的接班人等，但措辞和语气一定不能过激。

▲ 做好工作交接

把你的业务和客户开出一份清单，把有关的文件信函整理好，尽可能为将要接替你的人提供便利。在有可能的情况下，帮助你的接替者熟悉工作。

▲ 留下好人缘

一个识礼的职场人士，离职时懂得要留下好人缘，可以请同事一起吃饭或者搞一次活动，千万不要满腹牢骚地向同事说公司如何如何不好，这样不仅改变不了什么，也有损自己的形象。要知道，你的同事仍然要在这里工作的。

▲ 保持联系

离职之后，大家还是朋友，所以经常打个电话或写封电子邮件回原单位与老同事、老领导们叙叙旧应该是一件非常愉快的事情。再说，说不定哪天大家就会在另外的一些场合继续合作，彼此都会有照应。即使在新单位遇到什么疑问也可以向原来的老朋友们请教，多听听旁观者的见解或多或少会对你的新工作有所帮助。

礼仪点睛

作为识礼的职场人士，一定要明白辞职并非甩下一句话就离开。辞职的礼仪同入职时的礼仪同样重要，这更能看出一个人的责任心和修养。所以，辞职时既不能太过绝情也不能拖泥带水，要拿出你的风度，留下你的微笑，来个漂亮的转身。

第五章 看不见的礼仪，电话与邮件中的那些事

◎ 接电话，技巧和方式很重要

◎ 打电话时，选择对的时间成功的机会才大

◎ 打电话也要多微笑，心情可以影响每一个人

◎ 转接电话，看似活儿小学问不小

◎ 手机铃声，并非一首好听的歌曲那么简单

◎ 电子邮件，不懂收发礼仪怎能进入职场

接电话，技巧和方式很重要

通常，我们教会职场新人在接听电话时从直接的一声“喂”改口为“喂，你好”，但事情往往没有我们想象的那么简单。很多职场新人在接打电话时只会说“我是某某公司的”，而具体到姓何名谁也不报，这样显得非常不专业。甚至有刚上岗的同事会拿起听筒朝对方喊“你谁啊？”，引得旁人纷纷侧目。如果这个电话是上司打来的，一定不会对这位同事有什么好感。在这种情况下，如果我们改成“您是哪位？”，那情形可能就完全不同了。

因此，接听电话的礼仪同样也是我们在职场中必不可少的一门学问。从你接听电话的行为习惯当中，同样能够窥见你的品行以及礼貌风范。

××公司的销售人员小田在刚刚走进办公室的时候就听到自己的手机在响，小田因为昨天有事睡晚了，所以今天早晨来公司的时间也比较晚，而早上公司销售部和往常一样正在举行例会。此时，小田已经开会迟到了。在这种情况下，小田在听到手机响了很多声之后才拿起电话，他一接通电话就听到对方说：“您好，请问是××公司的田××吗？上次在展销会上你给我留了一份资料和你的名片，我今天打电话是想问问你们公司的印刷设备都有哪些机型？另外，我还想顺便问一下……”

客户正准备往下说，小田一边看着会议室的门，一边说：“哦，这位先生您好，我现在不太方便接听您的电话，公司里的同事正在等着我开会，要么等下午有时间的时候我再给您打回去，怎么样？”

客户从小田的话中明显地感受到了自己的电话不受人欢迎的气息，客户因此感到十分生气，于是他也立刻回答道：“既然你这么忙，那就算了，我再找其他厂家联系吧！”

下午的时候，小田突然想起这位客户，于是急忙翻出客户的电话打了过去：“喂，您好！我是××公司的田××，上午您给我打过电话，当时我正在开会，实在是不好意思，请问您找我有什么事呀？”

听到小田这样说以后，客户冷冷地回答说：“哦，我上午想问你的事已经有另外一个厂家的销售人员帮我解释清楚了，我已经打算从他们那里购买印刷设备了，我现在也很忙，再见！”紧接着，小田就听到了对方挂机的声音。

在上面的案例当中，销售人员小田在接到客户电话的时候，如果能够稍微认真地想一想，就不难发现，这位客户对本公司的印刷设备有一定的需求。小田却忽略了这一点，而且很不礼貌地打断了客户的说话，同时还告诉客户自己没有时间。要知道，对于销售人员来说，任何事情都没有与客户进行交易更重要，而这位客户的来电显然是一次非常重要的交易机会。可惜的是，由于接电话方式不恰当小田，把这样的交易机会“成功”推到了竞争对手那里，而这位客户也因为小田不礼貌的做法而受到了伤害。

作为一名销售人员，无论在什么时候都要讲究必要的礼仪，在接听客户的电话时更要如此。这是因为，当客户打电话给你的时候，你在电话中的声音、措辞等不仅仅代表的是你自己的形象和身份，而且还代表了整个公司的形象。你在接听电话时如果表现得不够礼貌、不够专业，那么你以及整个公司的形象就会在客户心目当中大打折扣；相反，如果在客户打电话给销售人员的时候，销售人员能够礼貌、专业地为客户解答疑难问题，并主动热情而适度合理地与客户建立友好的合作关系时，客户定然会对你及你的公司产生良好印象，并愿意继续与你展开进一步的沟通。

一些销售人员虽然相信接听电话对于自身工作的重要性，可是在实际工作当中却并不注重对自身接听电话的礼仪及技巧方面的培养与训练，甚至认为接听电话简单至极，根本就用不着讲究什么礼仪与技巧。事实上呢？如同上面案例中的小田一样，在日常生活与工作当中，有许许多多的销售人员都是因为不讲究必要的礼仪和技巧而在接听电话的过程当中令客户感到失望和愤怒，并因此而失去了一次又一次与客户进行交流乃至进行交易的机会。

因此，作为公司职员必须懂得接听电话的礼仪与技巧。为了在接听电话时更好地达到与客户展开进一步交流与沟通的目的，需要在以下几个方面多加注意。

▲ 接电话的时间要恰当

在现实生活当中，有很多公司都有这样一条内部规定："必须在电话铃声响起三到五声之内接听电话。"这条规定既适用于公司内部的销售人员，也适用于客户服务人员。之所以有这样的规定，是因为据心理学家研究，人们等待电话的耐心通常不会超过19秒，超过19秒之后即使对方接听了电话，拨打电话的人也会因为感觉等待的时间太过漫长而产生不愉快的情绪。不过，当人们拨打电话时，如果刚刚拨通电话就忽然听到对方接听自己的电话，那么这样就会给拨打电话的人以措手不及的感觉，接听电话的销售人员可能会留给拨打电话者以不够沉稳、过于急躁的印象。而且，当电话铃声刚一响起就接听电话的话，销售人员自己也很难稳定自己的情绪，更无法对客户来电做好充分的准备。

▲ 文明接听电话要多用“您好”

“喂”字时代已经过去，在国际通用电话礼仪中，“您好”是一个人接听电话良好素质的反映。尤其是在公司接听电话时，更应该礼貌地首先说“您好”，再说出自己的公司名称和部门名称等。在职场接听电话的礼仪中，当我们接听完毕后，要是加一句“承蒙关照”，这样会给对方留下更好的印象。

▲ 呈报自己的姓名以示尊重

如果在公司接听电话，应将自己所任职公司的名称与自己的姓名同时告诉对方。很多时候，我们时常会只说公司名称，而不报自己姓名，这样会给接电话的人造成麻烦，因为没有任何信息留下，就无法正确转达来者为何人。此外，如果不知道名字，会给以后的工作带来许多不便，如果自己要找的人不在，还会造成联系困难。

▲ 电话中途断线，应主动打过去

我们时常会遇到这样的情形：当通过电话与对方交谈时，电话在中途突然因操作失误而断线。要是事情没有谈完，应由先前打电话的一方重新拨打，以使谈话继续下去。但不能因事情大致已谈完，就对此听之任之。重新拨通之后，再向对方致歉：“非常抱歉，刚才电话中途断线了。”

▲ 稍事等待绝对不可超过一分钟

不管在什么场合，“片刻”就应当以一分钟为限。如果过了一分钟，就超出了“片刻”的范围，会让对方觉得等待时间太长，而且这也是非常不尊重对方的一种表现，这一点要多加注意。如果此时的确抽不出空，并且预计自己的确是需要花费一分钟以上的时间，就要明确地告诉对方“对不起，待会儿我打给您”，再挂断电话，这才是正确的礼仪。

▲ 少用免提

当我们在办公室内接听电话时，切记不要使用免提功能。因为那样就等于是将对方想要传递给你的信息公布于众，这种做法其实是极不尊重对方的。即便当无人在场时使用此项功能，也应该提前向发话人通报一声，在取得对方认可以后再去使用。在使用免提时，不要只顾自己省事而不考虑对方的感受，这样的做法是很没有礼貌的。

其实，我们每个人都有自己的电话形象，这是指通话者在通话过程中留给通话对象及其他在场者的总体印象。电话形象既可以通过通话时的态度、语言、表情等直观地体现出来，也可以通过通话内容为人所感受。

礼仪点睛

在给人打电话的时候，一定要心存敬意、面带微笑。你要相信，当你微笑的时候，电话另一头的人是能“看到”的。而且这样做不仅是一种礼貌、一种习惯，还是一种素养。

打电话时，选择对的时间成功的机会才大

很多时候，销售人员之所以在电话营销的过程当中还没等切入正题就被客户拒之门外，并不是因为销售人员的热情不高、沟通技巧不过关，而是因为没有选择恰当的沟通时间去拨打客户的电话。如果在不适当的时间打电话

给客户，客户很可能会认为自己受到了打扰。比如，当客户正忙得不可开交时，或者正赶上客户情绪低落的时候，这时销售人员贸然打电话，通常都不会达到预期的沟通效果。

上午11点钟的时候，某公司的销售人员打电话给一位建筑公司的采购人员，虽然这位销售人员在打电话之前对自己的开场白和相关的产品知识都做了非常充分的准备，但是在自己刚一开口说话的时候，他就发现气氛不对。

销售人员："您好，能否打扰您一下，我是××公司的销售代表，我们公司最近要推出一项新产品，在新产品推向市场之前想要针对本行业内的优秀企业做一次市场调查，只要占用您一点点时间就够了，您不介意吧？"

客户："当然介意！你不知道我正忙着吗？真是的，刚才经理还打电话来催，怪我没有尽快办好这件事，我没有时间！"

销售人员："那么，请问您什么时候有时间？到时候我再打电话过来？"

客户："不知道！我不知道自己什么时候有时间！我的工作很忙，任何时候都没有时间，你以后再也不要来电话打扰我了，好吗？"

虽然客户嘴里说的是"好吗"，但语气是十分强硬的，而且在客户口中的"吗"字刚一说完的时候，这位销售人员就听到了"啪"的一声——客户挂断电话的声音。

这位销售人员当然不会因此而放弃，他想也许自己打电话的时机不对，这个时候客户可能正有一堆需要迫切处理的事情摆在面前，于是，销售人员决定等到下午5点钟以后，客户手中的问题处理得差不多了、一天的工作将要结束的时候再打电话进行拜访。

下午5点钟刚过，销售人员又开始拨打那位客户的电话，当销售人员再一次报上自己的姓名及公司名称的时候，还没等他说明自己上午打过一次电话，客户已经想起并说道："哦，××公司，我想起来了，上午你找我想做一次社会调查是吗？不好意思，当时我非常忙，确实没有时间。"紧接着，这位销售人员便说："其实应该是我向您道歉，是我打电话的时间选得不对，我应该想到那时候您手头正有一大堆事情需要处理呢。是这样的，我们公司……"

在上面的案例当中，销售人员第一次打电话之所以遭到了客户毫不客气的拒绝，很大程度上就是因为他所选择的时机不对——当时正是客户工作最为繁忙的时候。在这种情形下打电话给客户，无疑会引起客户的不满和不快。而幸运的是，这位销售人员很快就意识到了这一点，他没有在客户繁忙的工作时间继续拨打客户电话，而是耐心地等到客户一天的工作将要结束的时候才拨打第二通电话，结果证明这一次他选择的时机极为正确，因为那个时间正是客户处理完繁忙的工作、心情比较放松的时候，在这种时候打电话至少不会令客户感觉遭受打扰。

所以说，选择一个有利的时机展开沟通，其成功的可能性要远远大于不适宜的沟通时间。如何选择恰当的沟通时间呢？**销售人员必须在打电话给客户之前就明确客户的具体时间安排，然后从中寻找出最适合自己展开电话营销的有利时机。**

▲了解客户的时间安排

每位客户在时间上都有各自的安排，销售人员不要奢望自己在任何时间打电话或者登门拜访，客户都有时间并且愿意接待。如果不提前了解客户的时间安排，那么很容易导致自己浪费大量时间和精力，却得不到客户青睐的结局。

▲选择合适的电话沟通时间

当销售人员对客户的时间安排有了一定了解之后，就可以根据这些信息选择一个合适的电话沟通的时间了。具体地说，在选择电话沟通的时间时，销售人员需要结合客户的需求特点和情绪加以实施。一些比较愉快或者对客户来说具有非同寻常意义的时间，很可能是最有利于展开互动沟通的时间，比如：客户刚刚领到工资的时候，结婚纪念日、节假日或者大楼奠基等有意义的日子，客户刚刚开业或住上新房需要大批采买商品的时候，客户获奖或得到晋升的时候，等等。

▲ 更为有效地利用电话沟通的时间

除了要根据客户的时间安排寻找到更为有利的电话营销时机，在实际的电话沟通过程当中，销售人员还应更好地利用这些有利时机，使自己的电话营销变得更为高效。

在进行电话营销之前做好相应的计划和准备，这有利于销售人员在拨打电话给客户的时候更加清晰地抓住要点，从而使得电话沟通的时间得到有效利用。而且，这样做还可以使客户的时间得到有效的节约，从而不会引起客户的反感。

销售人员在开展电话营销的过程当中，一定要紧紧围绕自己的销售目标与客户进行沟通，这样可以使你的电话营销更加高效。如果销售人员在电话当中经常啰啰唆唆地说一些应酬性、调侃性等与自己的销售目标无关的话，这不仅仅会使你的时间白白浪费，而且还会令客户感到厌烦——客户的时间也是相当宝贵的，如果你在电话中说一些无聊的话浪费客户的时间，客户下一次只要一看是你的电话可能连接都不会再接了。

礼仪点睛

每一个电话都是需要花费一定成本的，这里所说的成本当然不仅仅是指拨出每一个电话所需要的电话费，还包括你花在每一个电话当中的准备时间、精力与激情等。因此，销售人员一定要紧紧抓住拨打电话的每一个有利时机，并且要充分利用好这些有利时机，使自己的电话营销活动尽可能高质量、高效率地展开。

打电话也要多微笑，心情可以影响每一个人

在很多公司办公室的墙上或者其他比较显眼的位置都能看到这样一句话："今天，你微笑了吗？"这句话无疑主要是对公司内的销售人员、客户服务人员或者其他与客户进行接触与交流的工作人员的一项重要提醒，同时也是对公司内部所有工作人员工作态度的一种积极的激励。

销售员李国华拿起手中的客户资料认真看了看，然后对着墙上的镜子露出了一个非常热情的微笑，紧接着他才拿起电话拨通了客户的电话号码。电话接通了，李国华马上热情地说："喂！你好，是××公司吗？我想找一下×××经理。"

"请问您是哪里？找我们经理有什么事？"接电话的显然是一位非常有经验的接线员。

对方的这般提问其实早在李国华的意料之中，于是李国华又用充满真诚

笑意的声音回答说：“我是×××公司的李国华，昨天我给你们公司发了一封快件，里面有×××经理需要的一些产品资料，我今天打电话就是想和×××经理谈一下有关这些产品的具体情况。请问×××经理的分机号是多少？或者他的手机号码是多少？”

听到李国华这样说，对方接线员紧接着便说道：“又是想搞推销的吧？对不起，×××经理出差去了，不知道什么时候回来，而且即使他在，我也不会给你转过去的，至于手机号码你更是不要想了，因为我们公司不接受一切电话推销业务！”

李国华听出这位接线员很不耐烦，“看来今天这位接线员的心情不太好，这样的话，我就更要保持愉快的情绪，否则就不容易使这位接线员的心情好转，如果接线员的心情不好，那她今天肯定不会帮我接通×××经理的电话。”心里这样想着，李国华的脸上依然洋溢着他的招牌式笑容，接着，他又说道：“您先别挂电话，我知道您每天很忙，而且光是推销产品的电话就不知道要接多少个，不过，请您相信，我并不想浪费您的时间，而且我的时间同样十分宝贵，我只是想和×××经理谈一下，因为我知道贵公司正在扩大生产规模，我们公司提供的原材料无论品质还是价格在业界都属于性价比一流的。所以，请您帮忙转一下×××经理，非常感谢您的帮忙！”

听到李国华这样说，那位接线员也不好再生硬地拒绝他了，而且接线员也不想让一家很可能十分优秀的原材料供应商与公司失之交臂，于是她告诉了李国华那位经理的分机号码。而李国华呢，也成功地跨出了此次电话销售的第一步。

在上面的例子中，销售人员从拿起电话之初就始终保持热情的态度，并且一直都努力保持着亲切的微笑。销售人员的微笑表情虽然不能被电话线另一端的对方直接看到，可是通过微笑传达出来的热情、积极与真诚却完全可以通过电波得以有效的传递。一个热情的微笑往往比十句冷漠的开场白更能得到客户的认同，而且微笑还能使你在话筒中的声音更具积极的感染力。

无论自己的工作或生活曾经发生过怎样的烦恼、面对怎样的难题，在拿起电话之前，销售人员都应当在脸上绽放一个热情的微笑，这个微笑既是给客户的也是给自己的。当你微笑满面地拨通客户电话时，电话那头的客户就可以感觉到你在微笑、你很开心，而这必将会增加你与客户相互了解的机会，增加彼此之间进一步交流的机会。当你用热情而亲切的微笑去与客户进行沟通的时候，那些没有意向的客户都会很有礼貌地拒绝你，而有意向的客户都能直接地告诉你他想知道的信息。可是，如果你用一副冷冰冰的面孔去和客户进行沟通，那么客户必定也会冷冰冰地拒绝，即使那些对你的产品或服务有需要的客户也不会考虑与你合作。

总而言之，你既然想要将产品销售给客户，让客户为你的产品或服务埋单，那么你就一定不要吝惜自己的微笑。卖给客户产品的同时送上真心的笑容，这是个无价的赠品，对于你来说这个赠品无须任何花费，只需一种好的心态和真挚的诚意，而这个赠品却能给你带来意想不到的收获。

那么，在通过电话与客户进行沟通与联系的过程当中，销售人员应当如何通过电波来向客户传递自己热情而真诚的微笑呢？在此，我们提醒销售人员在进行电话营销的过程当中需注意以下几点。

▲ 用微笑来提升声音的感染力

愉悦的微笑会使说话者的声音听起来更加自然、轻快和悦耳，相反，若打电话时阴沉着脸、一副不情愿的样子，那么声音就会显得沉闷、凝重。因此，销售人员在进行电话营销的过程当中一定要学会用微笑来提升自己声音的感染力，使对方在愿意聆听自己说话的前提下与自己展开进一步的交流。

▲ 对方愈冷淡，你的微笑愈热情

如果碰到接电话的人语气不好时，销售人员就更应该维持自己的好心情和好口气，不要受到这种情绪波动的影响，而要尽可能地通过自己充满真诚微笑的话语使对方受到积极的感染。无论对方的态度多么不好，你都要相信，电话另一端的人可以感受到你的微笑，因此千万不要吝惜自己的微笑。当然了，如果你感觉到对方当时的情绪非常低落，那就不要继续谈下去，而应该礼貌地将电话挂掉，并寻找合适的机会重新开展下一轮的电话营销。

▲ 困难面前更要保持微笑

如果你一连打了几个电话都没有取得预期的效果，那么请你一定不要气馁，而且你要保证，在拨打下一个电话之前，自己要打起精神、鼓起勇气，同样以热情的微笑去进行。因为你的微笑不仅可以给客户以积极的感染力，同时还能给自己以巨大的鼓舞，一个坚定而热情的微笑能够帮你消除心中的胆怯和疑虑，也能使你更加轻松地面对接下来的工作。

礼仪点睛

很多时候，快乐与不快乐只是一念之间的转化，给自己一个灿烂的笑脸，让客户感受到一次温馨的问候，这对于你与客户之间接下来的合作将是一个十分美好的开始。热情的微笑就像冬天里的一把火，它可以化解所有的冰冷和寒意，而且微笑还有益于你的身心健康和工作开展，既然如此，何必要吝惜自己的微笑呢？

转接电话，看似活儿小学问不小

作为职场人士，有时候我们不免要替上司做一些转接电话的小活儿。千万不要小看这转接电话，**这里面同样蕴含着技术，说不定一不小心，就会得罪了上司的客户，大笔生意就毁在你的手里了，那么饭碗难免会保不住。**因此，当我们为上司转接电话的时候，同样也要注意那些应有的礼仪。

李华在一家公司里担任秘书，平时要负责其上司黄总的电话转接、会议记录等事项。有一天，他接到一个电话，对方说他是黄总的老同学，要找他谈些事情。由于在此之前黄总吩咐过，今天他有很多事情要处理，如果有电话来时，就要说他不在，于是李华就向对方回绝说："我们黄总不在，他出国了！"没想到对方立即对他说："你们经理没在不要紧，我与他是很好的哥们儿，等一会儿过去，我把一个东西带给他，现在我正在路上。"

听对方这么一说，李华感到甚是慌张，于是就把事情告诉了黄总。黄总一听就对他严厉地训斥道："什么出国，说不在就行了，我们两个是好哥们，昨天晚上我们还在一起喝酒呢！"

没过多久，黄总的哥们真到了，他只能一脸尴尬地迎出来，向朋友道歉说："对不起，真不知道是你老兄！"

他的哥们儿笑了笑，跟他开玩笑地说："您不是出国了吗？难道你们公司的大楼上面有停机坪，去了哪个国家，这么快就坐飞机回来了？"

李华知道是自己说错话，才使得老板甚是尴尬，于是忙向黄总的这位朋友道歉。黄总的朋友笑了笑对黄总说："你的下司还挺用心的，知道维护老板。"黄总笑了笑，对李华说："我们是铁哥们儿，出现这种事，还算不了什么，可是以后说话一定要注意，别再犯同类错误了。”李华听了黄总的话，甚是羞愧。

在以上的故事中，李华本来是想按上司的意思做事，为上司挡一些不必要的干扰，可是他没有经过深思熟虑就对对方说上司出国了，却没想到对方与上司是好哥们儿，而且昨天还在一起喝酒。这样的推辞说得太过了，结果就导致了尴尬事情的发生。

我们在日常的工作中，也会经常遇到像李华这样替上司转接电话的情况，那么应该怎么做才恰当呢？

▲ 表明自己的身份

当我们在替上司转接电话的时候，首先应当向对方表明自己的身份，千万不要对此不置可否，令对方产生误会。当告知对方自己的身份后，关键是要让对方明白自己的具体职务以及和上司的关系，以便对方斟酌是否可请自己代劳或由自己代为转达。

▲ 说明情况

当上司不在的时候，就要根据具体情况判定如何回答。比如上司只是暂时出去了，可能过一会儿回来；或者出去办事，一段时间内不可能返回。那么我们在接电话时应该详尽地向对方说明上司不能接电话的具体原因，以便对方了解情况。如果仅仅回复对方一句“上司不在”，那么未免过于生硬，有时还难免引起误会。

▲ 认真记录

做记录可以说是为上司代接电话的一个最基本的规矩。在记录时要写明何人、何事、何因、何时、何地，以及事情的大致情况，在做笔录时应一丝不苟，对上述要点要一一记录清楚，不应遗漏。对一些关键性的内容，诸如数据、金额、人数、姓名、时间等，则应认真与对方核实，以保证上司在看到时能够清楚地了解对方想要咨询或者了解的事情。

▲ 不要让对方久等

如果上司不在现场，但就在附近，那么在征得对方同意后，可以立刻去找上司。不过切记不要走得太远，让对方久等。如果不确定能够找到上司，最好先让对方挂断电话，告知其过一段时间后再打过来，或者稍后找到上司后再打过去。在任何情况下，都不应该让对方等待的时间超过两分钟。特别是当对方打长途电话或使用手机时，尤须谨记此点。

▲ 保守秘密

有时候上司难免会有私密电话，那么无论是涉及公务还是私事，我们都有义务保守秘密，不应该擅自向其他人直接或间接地扩散与此相关的任何信息。即使是对方的姓名、单位与电话号码，也不宜四处宣扬，这是最起码的礼貌。

礼仪点睛

千万不要小看了为上司转接电话的礼仪，这并非转个电话那么简单。当你能够了解转接电话里面的学问和礼仪后，说不定就能够获得老板的赏许和赏识，在职场中平步青云。

手机铃声，并非一首好听的歌曲那么简单

现在的手机铃声可谓千奇百怪，你在日常生活中是否也曾受过那些难以忍受的手机铃声的折磨？本来你趴在办公桌上伏案写作，可是却被一阵怪异的铃声打断了思路，于是……这样的事情在职场上并不少见。所以手机铃声使用的礼节也成为我们在职场上不得不注重的礼节之一。在使用手机铃声时，同样也有很多小细节，如果这些小细节被忽视，你的职业发展很可能会受到影响。

陈飞是一家医药用品公司的销售员，因为能力很突出，因此业绩月月都是销售部的第一，是他们部门当之无愧的“金牌业务员”。但他因为喜欢上了彩铃，给自己用了一条个性彩铃，因而损失了一大单业务。

当时，陈飞负责公司的一个大客户的项目洽谈，对方有很明显的意向，因此只要正常洽谈，拿下这单业务对陈飞来说没有任何的问题。有一次，对方经理找陈飞要询问一些关于药品的问题，但在给陈飞打电话的时候，却总是出现“对不起，您所拨打的电话是空号，请查询后再拨”的留言，弄得对方经理莫名其妙。直到后来碰面一问才明白，原来陈飞最近换了个恶作剧的彩铃，才会出现了这样的情况，其实并不是真的空号。

待陈飞解释清楚后，对方经理明显很惊讶，然后沉默不语，没有再提出咨询什么，随后就单方面提出取消合同。事后，这位经理给出的理由是：“这位业务员的恶作剧彩铃实在荒唐，从这一点细节上就可以看出他这个人敷衍了事、游戏人生的态度。一个重用这样员工的公司的诚信度又能高到什么地方去呢？”

因为一条小小的彩铃，陈飞不仅没拿下这单业务，在公司里也遭到了批评，让他后悔不已。

其实这样的事情在职场上并不少见，曾经就有位年轻白领把彩铃设置为"就不接、就不接"。当业务伙伴听到了这样"霸道"的铃声后，非常气愤，觉得他很不专业，结果几十万的业务落入了别人的手中。这正是不注重手机铃声的使用细节而造成的后果。

对于年轻人来说，选择一个个性化的铃声和自己的身份比较匹配。随着手机功能的强大、网络的发展以及手机彩铃的丰富，选择自己喜欢的铃声也成为职场人的兴趣之一，这也是职场人彰显个性、关注生活细节的体现。有调查显示，如今大部分职场人的手机铃声都是自己下载的歌曲或者音乐铃声，比例接近三分之二，但很少有人能够注意到手机铃声的礼仪规范问题。

要知道，铃声也好，彩铃也罢，它好比是职场人士的一扇窗户，通过这扇窗户，可以让同事、客户乃至领导了解到你的个性。那些乱七八糟的手机铃声定然会引起他们的反感。所以，在使用彩铃时必须体现礼仪。

▲ 注意使用场合

对于那些个性化铃声来说，尽管它能够为我们的生活带来情趣，但那些乱七八糟、过于个性的铃声则要注意使用的场合。这样的手机铃声并不适合在办公室里不断响起，虽然同事们听到你的铃声后可能一笑而过，但一些铃声还是多少会给同事们留下不合时宜的印象。这就像穿衣打扮一样，分家里和家外两种。过于暴露的衣服可以在家里随便穿，但在办公室、在拜会客人时就不能穿，手机铃声也是一样。因此，在办公室的时候，我们要将手机铃声设置为振动，确实因为工作需要的话，尽量将手机铃声调小。人在职场，如果只为追逐潮流，而不分场合、时间和对象地乱用个性铃声，那么对我们自身的职场形象损害很大。

▲ 注意使用内容

很多过于个性的铃声在内容上有很多不文明的内容。比如像“有话快说，有屁快放”，始终让人觉得不雅，而且会让拨打者甚为尴尬。想一想，如果你的上司给你打电话听到的是这样一个内容，那么他的心里能好受么？他不好受，你必须就得难受。而且，像那些“鬼子进村”的铃声，这无形中是在对军国主义气焰的一种宣扬，这要让同事听到会认为你为人轻浮。

▲ 铃声过于洪亮

有一些个性的手机铃声，像“玻璃碎了”等声音都比较大，更像是“凶铃”。当大家在办公室埋头干活儿时突然刺耳地响起，让人心跳都会加快。这类铃声就非常不适宜在办公场合下使用。

如今，已经有很多企业开始对办公室里手机铃声的使用做出规定，手机铃声的使用将逐渐受到人们的关注。作为职场人士，在彰显个性的同时，我们不能忘记了周边的环境，虽然大多数人并不会当面指出不适当之处，但是多少会给同事留下不好的印象。如果你存在以上几点，那么建议你在办公室以及所有公开场合不再使用现在的铃声。

礼仪点睛

如果你实在很喜欢现在的铃声，那就注意在办公室等场合不要忘记把手机铃声调为振动或者无声。职场是我们工作的地方，而不是我们展现个人喜好的场所，如果你希望通过一些小的细节来增添自己在职场中的个人魅力，就更应该注意这些细节是否妥当，否则只能适得其反，不要让手机铃声成为你职场上的绊脚石。

电子邮件，不懂收发礼仪怎能进入职场

在现代职场中，电子邮件成为我们日常工作中不可缺少的一部分。很多职场人士上班后的第一件事就是打开电子邮箱收发邮件，下班前也会查看一下是否有未处理的邮件。既然电子邮件与我们的关系如此紧密，那么，对于电子邮件在职场中使用的礼仪你又了解多少呢？你是否也意识到，使用规范的礼仪将有助于你的职场生活？

陈晨是一家公司的小职员，一干就是五年。这五年里，她无时无刻都在使用着公司分配的邮箱，已经把它当作自己的私人邮箱。

最近公司不景气，裁员的风声也日益逼近，所以当公司连年终奖都发不出来时，陈晨想到了主动离开。她开始在网上偷偷搜索与自己相关的职位，并试着发送了几封求职简历，其中有一家还是陈晨所在公司的竞争对手。在发送简历的时候，她用的都是公司分配的邮箱。没想到，用人单位的电话没有等到，她却被请进了公司人事部办公室。人事总监似笑非笑地说：“听说你有自己的打算，现在公司状况不是很好，减员增效已成定局。既然你有更好的职业发展机会，公司无疑是支持的。你看看下周能否完成手头的工作交接？”

虽然陈晨早有跳槽的打算，但让她百思不得其解的是，自己并未向同事

透露过任何风声，人事总监怎么会知道她的跳槽打算？在完全没有心理准备的情况下，被效力五年的公司不动声色地辞退，陈晨还是很难接受这个事实。当她万分不情愿地清理自己使用了五年的邮箱时，突然好像悟出了点儿什么。

其实答案就是因为陈晨五年来一直使用公司、邮箱，工作邮件和私人信件全部用一个邮箱处理。她做梦都没想到，会有人经常“偷看”自己的电子邮件，直到被解雇之后她才意识到：“原来，它不是我的邮箱。”

你是不是也和陈晨一样为图方便而公私都用一个邮箱呢？**电子邮件在给人们带来方便的同时，也带来了职场礼仪方面的新问题。我们应当讲究有关电子邮件的礼节，别让电子邮件弄出笑话。**比如在格式、内容等方面要遵照发送对象的情况而适当地使用。因此，在使用电子邮件时，特别是一些刚刚参加工作的职场新人，有些礼仪规范是一定要注意的。

▲ 私人电子邮箱要和公用的分开

很多公司对于那些公用的电子邮件都会有网络监控，因此我们在工作中尽量不要使用公司的电子邮件办私事。要想躲开监控也不难，可以用能发邮件的手机，随时随地上网，发送接收都可以避开公司的网络监控。

▲ 及时回复

电子邮件如同通电话，无论对方来信是提问还是问好，你都必须保证在24小时内回复邮件，哪怕是简单的一句话。如果你没有经常查看邮箱的习惯，你应该把这种习惯告诉他人。

▲ 必须写主题

这如同一种职业行为习惯。通常人们会根据主题判断邮件的重要性，一般来说，没有主题的邮件往往会被忽略，到最后才看。因此，我们要通过主题让他人对邮件的内容一目了然，会加快对方回复邮件的速度。

▲ 不要发冗长的邮件信息

太长的邮件会让老板很痛苦，而且还浪费时间，这样不仅不会引起别人的注意，而且收件者也不喜欢看下去。

▲ 正确“抄送”和“暗送”

当你需要把文件传达给其他人时，要抄送到每位同事或者下属手里，但同时别忘了要抄送到主管上级、老板那里，虽然他们可能没有时间看，但这种“以资证明”的行为不可缺少。尤其是你想表扬你的下属或团队的时候，这种抄送更是比表扬本身还重要。但是要记住，不要把暗送当成法宝来避开那些被抄送的人，如果你不想让别人知道你“送”过谁，最好的方法是别“送”。

▲ 小心使用附件功能

当信件内容不多时，应该以正文形式发送邮件。发送图片、影像或文字量较多的文档时可以通过附件发送，并且要考虑文件是否超过收件人能接受的空间。同时发送多个文件或比较大的文件时，可以先压缩后再发送。

▲ 注意礼貌

发送电子邮件必须注意礼貌，用词要得当，以免引起误解或给收件人留下不好的印象。如果担心语气不对而引起误会，可多用“谢谢”“请”等字眼，根据对象来选择开头语和祝福语，既不过于客套，又要注意礼节。

▲ 不要转发不该转发的电子邮件

当你收到了同事发来的带有偏见内容的E-mail，你做到自己知道就行了，不要转发或复制粘贴，更不要为证明“这不是我说的，是××说的”而当他人面打开E-mail页面。要知道，你能对A这样做，你也能对B这样做，那么在办公室你就失去了同事间最起码的信任。

▲ 不要忘记电子邮件的正确收发时间

同一个电子邮件提前和推迟10分钟发送可能就会影响大局，你可以把手机的邮件收发设置上声音，像短信一样提醒。对于需要在确定的时间点发送出去的重要邮件可以在手机的备忘录中将其记录下来，一到时间就会提醒你。老板可以说没有看到邮件，但是你不能说你没发。动一动手指头不麻烦，帮你省掉无数的误会、责备。

▲ 注意署名，检查错别字

与传统信函一样，电子邮件也必须在信件上署名，这是我们对收件人的一种尊重。而且，在点击发送前一定要先检查一遍邮件的内容，看看有没有错漏之处。电子邮件发出去就收不回来了，所以必须谨慎。千万别让老板收到你满是错字的电子邮件。

礼仪点睛

发送电子邮件看似很简单的事情，但里面的礼仪和学问确实相当大的。相信每一个职员每天都会收发电子邮件，但有多少人了解邮件中的这些礼仪呢？所以，我们不妨从今天开始，规范正确地使用电子邮件，注意电子邮件的使用礼仪，不要因电子邮件的使用不规范而使你的职业前景受到阻碍。

第六章 接待礼仪，让来访者有宾至如归的感觉

◎ 做好接待工作，从迎接时的“坐骑”开始

◎ 客户没有高低贵贱，接待做到一视同仁

◎ 微笑，是这个世界上最好的待客之礼

◎ 面对不速之客，做出最得体的应对之策

◎ 迎接客人，奉茶的礼节少不了

◎ 每国风俗不同，接待要做到因人而异

◎ 接待有始有终，千万别最后功亏一篑

做好接待工作，从迎接时的“坐骑”开始

如果你的客人远道而来，且又比较重要，那亲自去车站或者机场迎接是必要的礼仪。对于前来访问、洽谈业务或者参加会议的外地客人，你一定要先了解清楚对方到达的车次、航班，提前到达接待地点恭候客人的到来，决不能迟到让客人久等。如果你迟到，会让对方觉得你对他不够重视，内心必然很不舒服，这将严重影响之后的交谈与合作。**不管你有多么重要的理由，都不能消除客户对你产生的失职和不守信誉的印象。**

曾经有一家很有名望的公司打算在中国北部寻找一个合作伙伴，共同开拓北部市场。得到这一消息，许多北部公司都跃跃欲试。毕竟这种机会太难得了，如果能与此公司合作，不仅对本公司的发展极为有利，而且也能使公司的知名度大大提高。

经过激烈的角逐后，一家北部公司最终获得了这家知名公司的青睐。为了了解这家北部公司的真正实力，这家知名公司特派出几名代表到这家北部公司参观考察。对代表们的到来，北部公司表示非常欢迎，由总经理亲自陪同代表们参观公司本部及各下属企业。经过几天考察后，代表们一致认为这家公司的实力确实十分雄厚，可是对总经理及其他几位接待人员的做法却很

不满意。

原来，在乘车时，总经理自己总是先上车，然后才请代表们上车；乘有专人服务的电梯时，总经理也总是抢先进去，再让代表们进去。而且公司对参观的计划也安排得一团糟，浪费了代表们不少宝贵的时间……

代表们回去的当天，北部公司就收到了这家著名公司发来的传真，传真上写道：“我们为不能与贵公司合作表示深深的遗憾。可是一个连基本的接待礼仪都不懂的公司，也难以让我们相信它会有发展前途。”

从这个故事中我们可以看到，在商务活动中，接待礼仪是多么重要。这家北部公司凭借着雄厚的实力，经过角逐后为自己赢得了一个难得的机会——与一家知名公司合作，可就是因为在接待这家知名公司的代表时不周道，让本来到手的机会溜走了。那么，我们在接待客人时，如何把礼仪做到位，让客人满意呢?

在接到客人后，首先应该有礼貌的客套语，比如“一路辛苦了”“非常欢迎你们来到这个城市”“欢迎你们来到我们公司指导工作”等。如果是第一次见面，还要做自我介绍，并把自己的名片递给对方。

与客人见面后，接待的任务并没有完成，接下来就应该注意交通工具座次的安排礼仪，这样才能表现出你对客人的真诚和热情。

▲ 小轿车

如果接待客人用的是五座的小轿车，并且有专职司机驾驶，要以后排右侧为首位，左侧次之，中间座位再次之，而末位是前排右座。如果主人亲自驾驶，则以驾驶座右侧为首位，后排右侧次之，左侧再次之，而后排中间座为末席。如果你亲自驾车，要让重要的客人坐在你旁边的位置，这样不仅便于沟通和接待，也体现出你对客人的尊重。如果客人有多位，在前座的客人中途下车后，在后面坐的客人要改坐前座。

如果主人是夫妻两位，男主人驾车时，要让女主人在前座，客人夫妇坐在后座。上车时，也要遵循女士优先的原则。男士要为女士开门，然后再自己上车。一般情况下，轿车的前排特别是副驾驶座，是车上最不安全的位置，所以在社交场合按照惯例，这个座位不宜让妇女或儿童就座。但在公务活动中，副驾驶座，特别是双排五座轿车上的副驾驶座，被称为“随员座”，专供秘书、警卫、翻译、陪同等随从人员就座。

▲ 吉普车

不管是主人驾驶还是司机驾驶，吉普车的座次都以前排右座为尊，后排右侧次之，后排左侧为末。上车时，后排位次低者先上车，前排尊者后上，下车时应该是前排客人先下，后排客人后下。车上其他座次要由尊而卑，依次应为：后排右座，后排左座。

▲ 旅行车

在接待团体客人时，多采用旅行车接送，如四排座或是四排座以上的中型或大型客车。这类车的座次以前排，即驾驶员身后的第一排为尊，其他各排座位由前而后依次递减。在各排座位中讲究右高左低，即座次的尊卑应该从右而左依次递减。可以归纳为：从前而后，自右而左。

在接待来访的客人时，不管乘坐何种车辆，就座时均要相互谦让。抢座、争座、不对号入座，都是非常失礼的行为。在相互谦让座位时，不但要给予尊者特殊礼遇，对同行人中地位、身份相同者也应该以礼相让。

礼仪点睛

任何公司都会经常接待客户或访客，而迎接是接待的第一步，如果从这一步开始，你的礼仪就没有到位，或者显得很业余，又如何在正式的场合赢得客户的信赖呢？所以，接待礼仪撑起的是一个公司的门面，要想公司有发展，接待的礼仪就一定要贯彻到位，做到周全。

客户没有高低贵贱，接待做到一视同仁

总是有一些人很势利，看着打扮时髦、衣着考究的人，就迫切地上前套近乎，好把对方立即变成自己的准客户；而对那些穿着破旧的人，就爱搭不理，内心想："反正你也没钱买，别害我白浪费感情。"

其实，只要是客人，他们都是平等的。就算有的人确实不会带给你利润，但忽略或者怠慢他们也是极其不礼貌的。更何况，这年头，有些衣着朴素的人不见得真没钱，一些衣着豪华的人也不见得真有钱。所以，还是认真接待和尊重每一位客户为好。

一个夏日的午后，天气闷热，一位穿着破旧衣裤、满身汗味的农民模样的老头推开了一家汽车展示中心的玻璃门。几个服务员看他不像能买车的客户，就没搭理他，自顾自地忙着自己的事。

只有一位女服务员像迎接其他宾客一样，笑容可掬地说："老伯，请问我能为您做点儿什么？"

老农有点儿不知所措地说："哦，不用，不用，我只是想进来凉快一下，马上就会走，外面实在是太热了。"

这位女服务员仍然并没有一点儿厌恶或者冷漠的神色，仍然热情地说：

“是呀，外面太热了，您坐这里吹吹冷风，凉快凉快吧。”一边说，一边指着旁边豪华气派的沙发，示意老人坐下。

“不必了，我们种田人的衣服不干净，怕弄脏了你们的沙发呢。”老人连连摆手。

女服务员笑着说：“看您说的，进来了就是我们的客人，再说沙发就是让人坐的。”

更让老人受宠若惊的是，女服务员还倒了一杯水递过来，说：“天热，喝杯凉水吧。”

喝了水，闲着没事的老人开始四处转悠，这辆车看看，那辆车摸摸。

女服务员就走过来说：“大伯，您要有兴趣，我可以帮您介绍介绍。”

老人说：“不用，不用，我们种田人可是没钱买车。”

“不买也没关系呀，也许您以后会有机会买的。”然后，女服务员耐心详细地给老人介绍起来。

听完后，老人从口袋里掏出一张皱巴巴的纸，交给她说：“这些是我要订的车型和数量，请你帮我处理一下。”

女服务员接过来一看，惊诧不已，这位看起来很寒酸的老人居然要订8台货车。她一下子不知道怎么办才好：“大伯，您一下订这么多车，我们经理不在，我必须找他回来和您谈，同时也要安排您先试车……”

老人平静地说：“你不用找你们经理了，我是种田的，需要买一批货车，但我对车又不懂，担心车的售后服务。我的儿子就给我出了这么一个主意，我穿着这身旧衣服，去了好几家汽车销售中心，都没人愿意上前和我打个招呼，更没人主动向我介绍车的型号，我非常难过。只有你，热情耐心地接待了我，我相信，你一定会为我提供非常好的售后服务。”

客户是没有高低贵贱之分的。只要是客户，无论他是什么身份、从事什么样的职业，我们都必须给予尊重，切忌以貌取人。即使他们没有购买能力，不能成为真正的客户，我们也应像对待客户一样对待他们。要给任何一个人都留下一个懂礼仪的印象，也许那个买不起你产品的客户认识很多买得起产品的客户，他们不就成了你潜在的客户群了吗?

不要戴着有色眼镜看客户，自己认为身份高贵的客户，就表现得毕恭毕敬；凡是自己认为身份低下的客户，就傲慢无礼。每一个人都有被尊重的需求，如果接待人员不能给予所有客户尊重，那么必然会招致不满与怨恨。长此以往，你的口碑就会逐渐下降，越来越多的人就不愿意成为你的客户。

礼仪点睛

作为接待人员，一定要平等地对待每个来访的客户，善待每个人。无论客户的性情有多么古怪、穿着有多么怪异，无论他们从事什么职业、是什么身份，我们都要给予他们必要的尊重。这是每一个接待人员应该有的素质、必须具备的礼仪。如果做不到这一点，势必就会得罪一些客人，有损公司形象。

微笑，是这个世界上最好的待客之礼

客人推门进来，看见你冷冰冰的脸，恐怕会掉头就走。没人的时候，你可以最大限度地放松自己的表情。但是，一旦有客人进来，你必须调整自己的面部表情，微笑就是最好的选择，想着自己的脸上流动着甜蜜，这可以在瞬间缩短人与人之间的心理距离。

真诚的微笑透出的是宽容、善意、温柔、爱意，更是自信和力量。微笑是一个了不起的表情，无论是你的客户，还是你的朋友，甚至是陌生人，只要看到你的微笑，都不会拒绝你。

一个总是满脸笑容的人，往往比一个一脸严肃的人更善于表达，更容易打动人心，也更受大家的欢迎。在人际交往中，常常保持欢声笑语，可以让你更受大家的瞩目，更受大家的欢迎。

伸手不打笑脸人，没有人会拒绝与一个满脸笑容的人交往。让自己成为一个拥有灿烂笑容的人吧，这样你在人际交往中就会占据优势。你的笑容不仅能打动人、影响人、感染人，还能给你带来无限好运。

李美静是某动车上的乘务员。在大家眼中，她是一个以笑容打动乘客、打动同事、打动朋友的人。

有一次，车刚开动不久，一个乘客多次把脚放在对面的座位上。李美静上前去劝其放下脚。这个乘客不仅不听，还对李美静出言不逊。李美静没有与他争执，始终面带微笑地一次又一次劝解。最后，事情终于在李美静的微笑中解决了。

临下车前，那位乘客还找到李美静，惭愧地说："对不起呀，乘务员，刚才我心情不好。你的微笑打动了我，你的服务态度影响了我。"李美静报以真诚的微笑说："没关系。"

还有一次，一个孩子在车上嗑瓜子，把瓜子皮吐在了车厢的地板上，李美静微笑着上前劝告。孩子没有反应，孩子妈妈生气了，还故意唆使孩子继续吐瓜子皮。李美静始终微笑着，边劝阻边扫瓜子皮。

乘客见李美静这样的态度，非常不好意思，然后，让孩子停止了没有公德心的行为。

李美静用自己真诚的微笑打动了乘客，从而使乘客改变了不良的行为。她的微笑留给乘客深刻的印象，大家对李美静的评价都很好。

微笑是上帝赐给人类最美好的礼物，是一种令人愉悦的表情。面对一个满脸笑容的人，你会感受到他的自信、友好、乐观。同时，他这种积极的情绪也会感染你，使你油然生出自信、友好和乐观，从而很快和对方亲近起来。

微笑是一种内涵丰富的表情。微笑可以传递正面的能量，微笑可以消除人们之间的陌生和矛盾。当然，你的笑容必须是真诚的、发自内心的。

微笑是最好的交流方式。微笑是真诚、友好、善意的标志。微笑可以化解矛盾和冲突，然后使关系变得简单、明了，可以调节人与人之间的关系，可以营造和谐、融洽的氛围。

失业的张铎有一个缺点，就是总爱绷着一张脸，不苟言笑，对待家人、朋友、合作伙伴一向都是一脸严肃冷峻的表情。

现在，张铎完全像变了一个人似的，还成了一家报社的正式员工。在进入报社之前，他做过很多工作，也自主创业过很多次，但每次都失败了。

张铎找到了创业失败最重要的原因，就是不懂交际，在交际时缺少微笑。他决定重新开始打工学习，并成功应聘到现在的这家报社。

张铎给自己设计并印制了特别的名片。正面是姓名、联系方式、工作单位，反面写着：世界因你的微笑而微笑！他每次递出名片时，总会真诚而友善地给对方以微笑。

一开始张铎很难改变自己严肃的表情，总是强迫自己微笑。他每天练习，面对着镜子笑，面对着家人笑，面对着朋友笑，时间久了，笑肌就练出来了。慢慢地，笑成了他生活中不可缺少的一部分。

现在，他时常笑容满面、热情真诚，给许多人留下了良好的印象。短短一年的时间，张铎把报社的业务搞得红红火火，发行量剧增，并得到了老总的赏识。

在人际交往中，要学会自然地微笑。微笑是快乐心情的表现形式。自然而美好、亲切而真诚的笑才是完美笑容的表现。最好不要假笑、傻笑、伪笑。

在人际交往中，你的微笑得传达出你的真心诚意。人的笑容感受力和识别力是非常强的，一个笑容代表什么意思、是否真诚，人通过直觉是能很敏锐地判别出来的。所以当你对别人微笑时，一定要真诚。

真诚的微笑能让对方的内心产生美好和温馨的感受，对方会受你的感染报以你更加真诚的笑容。微笑使对方的情感陶醉于愉悦之中，从而加深交往双方之间的感情。

微笑是这个世界上最美丽的语言，而且全世界通用，一个善意的微笑也能带给彼此一种会心的感觉。所以，接待客人的时候，一定要带着微笑，在有些情况下甚至不需要一言一行，只要一个笑容就可以打动客户。

不要以为，接待的时候只要咧开嘴做出笑的样子就行了，其实，微笑并不是我们照相时喊的“一、二、三，茄子”就行了。

僵硬的微笑还不如不笑，最常见的是那种皮笑肉不笑，让人看上去感觉很难受。有位心理学家宣布，根据他最新的研究表明，人真笑和假笑的区别：如果你在交谈中能够以完全平等的态度对待对方，尊重对方的感情、人格和自尊心，那么你的微笑就是真诚的，真笑是美丽的而且具有强大的凝聚力。否则，你的微笑就是虚假的，丑陋的微笑所能带给你的也只能是逆反心理和离心力。还有，微笑也不是将嘴咧得越大越有诚意，嘴咧得太大会给人一种傻乎乎的感觉。

正确的微笑姿势是口腔打开到不露或刚露齿的程度，嘴唇呈扇形，嘴角微微上翘。微笑应该是发自内心的，而不是强作欢颜。如果你内心极度悲伤，笑出来一定比哭还难看。只有发自内心的微笑才是最真诚的笑容，才能给人温暖的感觉。

礼仪点睛

笑容是对对方表示的一种友好和礼貌，是对他人的尊重，也是自尊、自信的一种表现。多绽放你的笑容，并要使自己笑得恰如其分，这样才能体现你笑容的价值，让你在交际中成为最能打动人心的那个人。

面对不速之客，做出最得体的应对之策

很多时候，在接待中难免会遇到不速之客，有事没事地东拉西扯，白白浪费许多时间。主人往往碍于情面，不敢直接表露出自己的不耐烦，结果影响了自己的工作，实在是很令人伤脑筋的一件事。我们在日常的接待工作中，经常会遇到各种各样的不速之客。这些不速之客可能是客户、同事，也可能是陌生来访者。要应付这些不速之客，一定要根据特定的情况，采取相应的措施，做到有礼有节。

凭直觉，张菲菲知道对方只是一个广告推销员，可是他说与张菲菲的上司李经理有约，张菲菲又不好将这话点破，于是就热情地招待了这位推销员。接过对方递过来的名片一看，他果然是某家杂志社广告业务部的钱经理。于是张菲菲又问他："您是否与李经理约定在上午会面？"

"如果您方便，我希望能马上见到李总。"钱经理说。听钱经理这么一说，张菲菲明白，他与李总之间肯定没有预约，因为李总若是亲自约定，会有具体准确的时间。

"您看，真是太不凑巧了，李总刚好在今天上午有个临时会谈，我会马上设法与他取得联系，告诉他您在此等候，或者与您再另约时间，可以吗？"钱经理马上表示可以。当张菲菲把这件事告诉李总后，李总告诉她不见。可是张菲菲感觉又不能直接对钱经理"直言相告"，于是她婉言地对钱经理说："钱先生真对不起，李总正在与一家客户讨论合同事宜，我不方便进去打断。可是现在已经临近中午，为避免耽误您的时间，您看这样好吧，您要谈的具体事项我已经有所了解，等我再请示下李总，然后再通过电话与您联系。您看，我可以打您名片上的电话吧。"

"好，好。"虽然钱经理嘴上说好，可是面容已明显不悦。张菲菲又接着说："另外，刚才您送来的资料，我想起我的同行孙小姐也曾与我提起过，她供职的公司正要做公关形象广告和业务宣传，您看我是否给您介绍一下，看看能否与他们公司合作？这是我的名片，这是孙小姐的联系电话，您可以直接与孙小姐联系。"这样，钱先生满意地告退了。

故事中的张菲菲就是一位应付不速之客的高手，在与钱先生接触时，做得有礼有节，不但让对方心甘情愿地离开，而且又不失体面。所以当我们在工作中遇到不速之客时要认清他们的身份，然后再采取相应的措施。

如果是领导的客户，应该把他们热情地请进会客室就座，并给他们倒一杯茶，向对方说：“您稍等下，我看领导在不在。”同时马上告诉领导，再按领导的指示接待、安排。如果是领导的亲朋好友，应该把他们请到会客室就座，并马上通知领导，再按领导的指示接待。如果是公司的内部管理人员，有急事要见领导，对此千万不要拿腔拿调，应该马上通报，以免误事。

如果是推销员，你应该让他们稍等，然后给相关部门打电话。如果相关部门有意向或是事先有约，就可以引领他们进去。如果那些推销员坚持要见领导，一般有两个可能：一是确实与领导有约；二是没有约定，只是想向领导做推销工作，却不考虑是否由此给别人带来了麻烦。对于这类人，也不必黑脸推辞，可以委婉地让他们留下材料，回头请领导过目。如果领导感兴趣，就会主动与其联系。

当客户来访时，有些客户来访的问题比较简单，不需要领导出面就能解决，这时候你应该充分显示你的作用。你可以向他介绍去相关部门交涉，或者先替对方联系一下，然后向他指明该部门的名称和位置，如果客户感觉不太好找，应该引领客户过去。

当然，在公司里，我们在应付不速之客时，还是需要多请示，不可以自作主张。如果因为你的接待不周而得罪了公司的大客户或私人关系，就得不偿失了。

礼仪点睛

每个公司都会遇到不速之客，从接待不速之客的反应上，能看出这个公司是否专业、人员是否敬业和有礼。因为，接待工作不只是说如何接待那些我们欢迎的人的礼仪，同时还有应对不速之客的礼仪。只有做到面面俱到，才能算得上有礼的接待人员。

迎接客人，奉茶的礼节少不了

接待客人，茶水是免不了的。客人坐下后，我们一般都会奉上一杯热茶。其实为客人奉茶，也不是那么简单的。你倒茶的动作不仅体现了自身的教养，同时也是待客是否礼貌的体现，否则，一不小心也许就得罪了客户。

李小兰在一家公司当秘书。有一次，公司接待几位很重要的客人，经理一再吩咐不能怠慢，公司下半年的利润就在此一举了。所以，李小兰非常慎重，准备了极品铁观音招待客人，在上茶之前，经理想起以往都是用一次性杯子，于是暗暗给李小兰使眼色，意思是让她不要用一次性杯子泡茶。

可惜李小兰没有领会经理的意思，还是拿出一次性杯子为客人泡茶，经理见无法挽回了，只能对客人嘘寒问暖，引开客人的注意力，好在客人不是很挑剔，没有在意。最后虽然如约签订了合同，不过经理还是告诫李小兰，以后给重要客人倒茶不要用一次性杯子。

很多人喜欢用一次性杯子招待客人喝茶，如果对方是非常重要的客人，这是非常不礼貌的，这么做是对客人的怠慢。

敬茶除了杯子有讲究外，还要注意茶具的清洁、客人的嗜好、上茶的规矩、敬茶的方法、续水的时机这几个要点。俗话常说：“坐，请坐，请上座；茶，上茶，上好茶。”倒茶看似简单，其实大有学问，有非常多的礼仪和讲究。

▲ 茶具的清洁

就算你知道用一次性杯子敬茶不礼貌，但如果你的茶具上都是污渍、灰尘，就随便给客人倒茶，则是对客人更大的不敬。人家一看到茶壶、茶杯上的斑斑污迹就反胃，怎么还愿意喝你的茶呢?

▲ 了解客人的嗜好

倒茶之前最好让客人有所选择，请问您喜欢绿茶还是红茶？龙井还是毛尖？每个人的喜好不同，如果你能提前询问一下，不但能体现出你对对方的尊重，还会避免出现对方恰好不爱喝什么偏偏你倒了什么的尴尬局面。因此在以茶待客时，尽量依照客人的爱好奉茶。最好多备几种茶叶，满足客人的需要，也尽到你的待客诚意。

从健康的角度考虑，太过浓郁的茶对身体不好，尤其是老年人，所以，在客人没有特殊要求的情况下，所上的茶水不应过浓。

▲ 敬茶有讲究

敬茶要注意，从客人的左后侧双手将茶杯递到客人面前，尽量避免从客人的正前方上茶，这样不礼貌。切忌将手指搭在茶杯杯口上，或是将其浸入茶水，这些动作都是不礼貌的。上茶的同时一定要轻声附上一句：“请您用茶。”

如果在上茶的时候客人正在聊天或者有所打扰的情况下，应先道一句“对不起”，再送上一句“请您用茶”。当客人有所回应时，根据客人的反应，要么将茶送到客人手中，要么将茶放在客人的右手边茶桌上。

▲ 上茶有规矩

接待人员为给访客上茶时，用茶盘端出的茶色要均匀，并要左手捧着茶盘底部，右手扶茶盘的边缘，如有茶点心，应放在客人的右前方，茶杯应摆在点心右边。上茶时应以右手端茶，从客人的右方奉上，并面带微笑，眼睛注视对方。

接待重要的客人时，应由本单位在场的职位最高者亲自为之上茶，以表重视。上茶也是有规律可循的，先为客人上茶，后为主人上茶；先为主要宾客上茶，后为次宾上茶；先为女士上茶，后为男士上茶；先为长辈上茶，后为晚辈上茶。如果来宾人数比较多，那么就采取以进入客厅之门为起点，按顺时针方向依次上茶最为妥当。

▲ 把握好续水时间

为客人勤斟茶、勤续水才是以茶待客的完整礼仪。在客人喝过几口茶后，就应该立刻为之续上，绝不可以让其杯中茶叶见底。有句俗话叫作“茶水不尽，慢慢饮来慢慢叙”。

倒茶时应注意：茶水不要太满，以八分满为宜。水温不宜太烫，以免客人不小心被烫伤。

以咖啡或红茶待客时，杯耳和茶匙的握柄要朝着客人的右边。此外，要替每位客人准备一包砂糖和奶精，将其放在杯子旁或小碟上，方便客人自行取用。

当然，喝茶的客人也要以礼还礼，双手接过，点头致谢。另外，可适当称赞主人茶好。壶中茶叶可反复浸泡三四次，客人杯中茶饮尽，主人可为其续茶，客人散去后，方可收茶。

礼仪点睛

当今社会，客来敬茶已经成为人们日常社交和家庭生活中普遍的往来礼仪。沏茶是家庭礼仪中待客的一种日常礼节，也是社会交往的一项内容，不仅是对客人、朋友的尊重，也能体现自己的修养。

每国风俗不同，接待要做到因人而异

随着全球经济一体化的发展，许多公司与外国客户打交道的频率也越来越高。尤其是做贸易类的行业，更有必要对交往对象的习俗礼仪做必要的熟悉和了解。**就算共同生活在中国这块土地上，也有风俗的禁忌，接待的时候需要特别注意，不要踩了雷区。**若对方是外国客人，地域文化差异更大，更要小心谨慎，以免出错，造成难以挽回的失误。

国内某家专门接待外国游客的旅行社，在一次准备接待来华的意大利游客时，打算送给每人一件小礼品，于是就订购、制作了一批纯丝手帕。这纯丝手帕产自杭州，而且是名厂生产。每块手帕上都绣着花草图案，十分美观大方。手帕还装在特制的纸盒内，盒上还刻有旅行社社徽，这份小礼品看上去很别致。而且中国的丝织品一直闻名于世，料想应该会受到客人的喜欢。

等意大利的游客到达机场后，旅行社接待人员就带着盒装的纯丝手帕来迎接他们。每位游客都收到了两盒包装甚好的手帕，没想到打开礼物后，车上一片哗然，议论纷纷，游客明显呈现出不高兴的样子。原来在意大利和西方的一些国家有这样的习俗：亲朋好友相聚一段时间后，在告别时才送手帕，取意为“擦掉惜别的眼泪”。手帕上还有菊花的图案，虽然菊花在中国属于高雅花卉，可在意大利是用于祭奠亡灵的，这当然会引起对方的愤怒。

这就是不懂对方国家禁忌造成的尴尬，本来属于精心准备的礼物，可是在对方的眼里却成了送别时的礼物，而且还让对方有了抵触的情绪，当然这样的接待是失败的。

王磊接到公司领导的任务，要接待一位外国客户，对方是个美籍韩国女人。王磊看到客人后心想，韩国离中国也不远，应该很多方面差不多吧，于是没有太过注意。

吃饭的时候讨论到吃狗肉的问题，王磊忘记了客户一直在美国生活，对很多美国人来说，猫狗是他们家庭的一员。对方听了这些脸色立即变了，捂着嘴，跑到卫生间呕吐去了。

通过以上两个故事可知，我们在日常的对外活动中，一定要对外国人的禁忌有所了解。因此，在接待的时候要特别注意以下事项。

▲ 颜色的忌讳

巴西人认为棕黄色意味着凶丧，所以非常忌讳。日本人认为绿色是不吉利的象征，大都忌用绿色。欧美许多国家认为黑色为丧礼的颜色，表示对死者的悼念和尊敬。比利时人最忌蓝色，如果遇到不吉利的事时，都要身着蓝色的衣服。同样，埃及人也忌讳蓝色，因为蓝色在埃及人眼里是恶魔的象征。埃塞俄比亚人、叙利亚人以穿淡黄色的服装来表示对死者的深切哀悼，所以视淡黄色为死亡之色。而在巴基斯坦，黄色是僧侣的专用服色，所以普通的民众基本上都不穿黄色的衣服，而委内瑞拉却用黄色做医务的相关标志。

▲ 数字的忌讳

像“13”等数字在大多数西方国家是不吉利的，甚至每个月的这个日子，会让一些外国人感到忐忑不安。西方人也避谈星期五，如果星期五出现事端，就会归罪于这个黑色的星期五。尤其是逢遇13日又是星期五时，最好不要举行任何活动。有些人甚至在此日闭门不出，唯恐出现不吉利的事。

“4”在日语和朝鲜语中的发音与“死”相近似，所以日本与朝鲜等国家将其视为不吉利的数字，在这些国家的医院里没有四号病床和病房。“9”在日语里的发音近似于“苦”，也属于忌讳之列。当接待外国客户时，旅馆房号、门牌号、屋号、宴会桌次号最好将这些数字避开。

▲ 花的忌讳

一般来说，在接待外国客户时，很多人喜欢事先在接待的地点或给客人安排休息的地方做些装饰，这时应该注意，有些花对于外国客户来说是有不同意义的。在中国、泰国和印度等国家，人们对荷花有很高的评价，可是对于日本人来说，却是不祥之物。在法国，如果你应邀到家中与主人共进晚餐，一定不要带菊花，因为菊花代表着哀悼，只有在葬礼中才能用到。西班牙人和意大利人同样不喜欢菊花，认为它是不祥之花，但德国人和荷兰人则对菊花十分偏爱。在德国人眼里郁金香是没有感情的花，他们大多数不喜欢郁金香。另外，巴西人忌讳紫色和黄色的花，认为紫色是不祥的色调，而黄色被视为凶丧的颜色。

▲ 饮食忌讳

在饮食习惯上，一些外国客户与我国有很大的差别。各国在公共场合对酒水的忌讳程度是不一样的。有的国家在餐桌上可以摆酒杯，可以在酒杯里放橘子汁、矿泉水等饮料来代替酒。有的国家的人自己不喝，但并不反感他人饮用。但有的国家要求桌子上只能摆水杯，不能出现酒杯，有的国家的人不喝烈性酒，有的连啤酒也不能喝。

▲ 动作忌讳

同一个动作、手势在不同的国家里有不同的意义。比如，拇指和食指合成一圈，其余三个手指向上立起，在美国表示“OK”，但在巴西被认为是一个不礼貌的手势。

在一些国家，还有许多与我国不同的礼仪，比如拥抱和亲吻礼，如果在接待外国客户时实行这些礼仪，会让他们对你有好感。在一些公共和外交场合下，对外国女宾可以以吻手指或手背作为亲吻礼仪。拥抱礼多用于民间或官方的迎送宾客或致贺、致谢等社交场合。其正确的姿势是，两人相对而立，上身稍稍前倾，各自右臂偏上，左臂偏下，右手环绕对方左肩部位，左手环绕对方右腰部位，彼此头部、上身向左相互拥抱，然后再向右做一次拥抱。

礼仪点睛

从上述我们说的，可以看出每个国家的风俗都有很大的区别。因此，接待外宾的时候，一定要做到对对方国家的风俗、礼仪有一定的了解，不要理所当然地按照我们当地的风俗进行接待。若是触碰到了对方国家的禁忌，那既显得公司的怠慢，对对方不够重视，又显得无礼，结果当然会伤害双方的感情了。

接待有始有终，千万别最后功亏一篑

凡事都要有始有终，如果迎接工作做得非常到位，并不代表你已经圆满地完成了接待任务，千万不要忽略送客这最后一步，以免功亏一篑。

王全胜是一家日用品公司的销售经理。有一天，一位大客户要来公司谈合作事宜，公司领导非常重视，交代王全胜一定要好好接待。王全胜也非常重视，早早地到了公司门口，和自己的助手一起迎接客户，客户看到他在门口迎接，非常满意，有说有笑地进了办公室，经过一番交流，大家谈得很愉快。

最后，合作基本上已经敲定了，客户准备告辞，而王全胜也非常高兴，以为抓住了这个大客户。王全胜一时激动，想早点儿向公司领导汇报情况，于是随口交代助手送客，自己匆匆离去，客户很不解，难道还有什么更重要的事情？客户回去后并没有签订合作协议，而是又提出一些新的问题，需要重新协商。

如果说迎接客人时重视礼仪能够给客人一个好的印象，那么送客时的礼仪更能够加深客人对你的好感。

▲ 客人告辞的时候，要婉言相留

无论是接待什么样的客人，一般应婉言相留，这虽是客套辞令，但也非常重要。客人告辞时，在客人起身后再起身。如果是在家里接待客人，最好叫家中成员一起送客出门。分手时应充满热情地招呼客人“慢走”“再见”“欢迎再来”“常联系”等。在办公室接待客户，如果没有紧急事件，更要亲自送出公司，以表重视。

▲ 送到门口之后，不要急着关门

想想你还没等到电梯，身后的门已经砰的一声关上了，你的心里会是什么滋味？所以，一定要目送客户离去。即使你送到了家门口或者公司门口，也不要立即离去，应在客人的身影完全消失后再返回。否则，当客人走完一段路再回头致意时，发现主人已经不在，心里肯定不太高兴。

▲ 回屋时莫发出关门声

送客返身进屋后，应将家门或者办公室门轻轻关上，不要使其发出声响，尤其不能让客人听见。在客人刚出门的时候就砰的一声关上门，是非常不礼貌的。

▲ 要注意你的表情

就算你有什么重要的急事，也不能表现出来。不管遇到什么问题，都一定不要心神不安、表现急躁，那会让客人误解你在催他赶快离开。

礼仪点睛

一个好的结尾有时候比开头更重要，如果你最后让客户不满，那么之前的交谈可能就前功尽弃了。所以，不管是迎接客人还是送别客人都要有礼貌。

第七章 谈判礼仪，一张方桌也有它的门道

◎ 刚开始要懂寒暄，直奔主题缺乏修养

◎ 一个优秀的谈判者，一定是一个好的倾听者

◎ 喋喋不休地讲，既没效果又缺礼数

◎ 学会说“不”的方法，有情有礼才两全其美

◎ 谈判不是追债，不能对问题穷追猛打

◎ 谈判最后一步，签约仪式的礼仪知多少

◎ 谈判结束，别忘记向对手表示祝贺

◎ 双赢的局面，才是谈判中最高的礼仪技巧

刚开始要懂寒暄，直奔主题缺乏修养

谈判是以利益为目的社交手段，而礼仪则是谈判者的宣传广告。礼仪得体有助于拉近谈判双方的距离，为企业创造良好的利益。一些谈判高手在谈判开始前，会先和对手寒暄一番，**一是谈判前的寒暄能够体现出一个人的修养，也是每一位谈判者必须懂的礼仪；二是用这种形式来探测对手的底细，找到对手的弱点，利用这些信息在谈判桌上打败对手，为自己争取更多的利益。**面对这些人，你一定要小心说话，不要把一些重要的信息泄露给对方，以免失去先机。

在实际谈判中，很多经验不足的谈判员很容易犯这样的错误。当对手表现得非常友好，找机会和他们寒暄时，他们往往会放松戒备，在不知不觉间就把自己的信息透露给对方。日本松下电器的创始人松下幸之助在刚出道时，就曾经犯过这样的错误，被对手用寒暄的形式探知重要信息，导致自己遭受了重大损失。

那是松下幸之助第一次到东京，接待他的批发商在开始和他谈判前，非常友善地和他寒暄，他说："我们好像是第一次打交道吧？好像以前没有见过你。"

听对方那么友好地对他说话，他立即友善地回答说：“您说得没错，我第一次来东京，有很多地方不是很懂，希望您多指教。”

批发商又问：“你们的产品，你准备以什么价格出售？”

松下幸之助仍然非常老实地回答对方：“产品的成本价是20元，但是我准备卖25元。”

批发商说：“你初次来东京做生意，应该秉承薄利多销的原则，刚开始时，产品要卖得便宜一些，我看每件产品20元，怎么样？”

最后松下幸之助为了完成首次交易，只能哑巴吃黄连，答应了对方的要求。

事例中的那位批发商可谓是谈判的高手，他在没有正式开始谈判前，就通过简单的寒暄套出了很多有用的信息。他先试探地说“我们好像是第一次打交道”“好像以前没有见过你”，这是想探知松下幸之助是生意场上的新手还是老手。松下却并未意识到这一点，因此很老实地“出卖”了自己——“我是第一次来东京”“很多地方不是很懂”，这样的诚实、谦虚和礼貌，恰恰给对方透露了真实的信息——自己初来东京，没有做生意的经验。如果就此打住也罢，对方再问什么时就提高警惕，可是松下依然没有意识到这一点，而是在对方问价格时，他又老老实实地说出“成本价是20元”“准备卖25元”，这就又把自己“急于打开产品出路”的信息透露给了对方，结果无形中把自己置于一个劣势地位，导致自己失去先机，开局就输给了对方。

那么，究竟怎样才能做到既不影响交谈氛围又不泄露自己的重要信息呢？优秀的谈判者往往能够灵活应对。一旦涉及个人信息问题，他们往往会巧妙地转移话题。不仅如此，他们还能从寒暄中了解对手的信息，为自己赢取先机。下面事例中的刘峰就是这样一位谈判者。

刘峰在一次去外地与一家公司洽谈合作时，在开始谈判前，被那家公司的谈判代表热情地款待了一番，席间不免要聊起家常。

对方谈判代表说："你是第一次到我们这个地方来吧？"

刘峰说："哪里，我和这座城市渊源不浅呢。"

对方谈判代表说："这么说您经常来这边出差？"

刘峰说："我来这边很多次了，一直听说你们这地方的小吃很有名，这次过来主要是为了尝尝这里的美食。"

对方谈判代表又问："那你准备在这边待多久？我们这边的美食可不是一天两天就能全部尝完的。"

刘峰说："我尝尝几种主要的美食就满足了。在来之前，我听说您在美食方面颇有研究？"

这个话题让对方谈判代表非常感兴趣，于是开始讲述自己寻找美食的经历，以及自己尝过的美食有哪些，在这个过程中遇到过哪些尴尬的事情……

就在对方滔滔不绝地讲述自己的经历时，刘峰获得了很多重要的信息：对方是一个很讲原则的人，不会在言语上和对方起冲突，但是遇到挑衅的人也绝不会惧怕，和这种人谈判要注意自己的言辞，要善于说软话。

结果，刘峰的谈判进行得非常顺利。

在与对手的整个谈话过程中，刘峰高超的寒暄技巧展露无遗。在开始时，对方想要通过与刘峰的寒暄，了解刘峰的工作经验，结果刘峰巧妙地回答说自己和这座城市有很深的渊源，避开了这个话题；第二次对手想要从寒暄中探知刘峰的谈判期限，最后也被刘峰巧妙地转移了话题，并趁机激起对方的交谈兴趣，探知了对方的很多信息，并根据这些信息制定了一定的谈判策略，进而成功完成谈判。可以说，刘峰充分运用了自己的头脑和舌尖，让自己的灵活机智通过舌尖流露出来，既不影响寒暄的氛围，又未泄露自己的重要信息，同时还让对方开口说话，并从对方的话语里获取了重要的信息。作为谈判者，刘峰的寒暄口才值得我们学习借鉴，以掌握谈判开局的主动权。

礼仪点睛

寒暄和问候是我们在商务谈判中不可缺少的重要内容，是人与人之间表达情感的一种方式。它就如同我们的一个开场白，是促进谈判双方相互了解和增进双方友谊的重要方式。因此，在谈判时，不要一上来就直奔主题，这只会让对方认为我们比较鲁莽，不妨和对方寒暄几句，说不定我们的谈判会因为这几句寒暄而获得成功。

一个优秀的谈判者，一定是一个好的倾听者

在商务谈判中，可以说倾听是最基本的礼仪，一个优秀的谈判者，也一定是一个很好的倾听者。美国谈判学家卡洛斯曾说过："如果你想给对方一个你丝毫无损的让步，这很容易做到，你只要注意倾听他说话就成了，倾听是你能做的一个最省钱的让步。"在商务谈判中，让谈判双方了解和把握对方观点与立场的主要手段和途径就是倾听。

倾听是一门学问，在倾听的过程中，不能只是机械地用耳朵听，同时人脑也要不断运转，不但要清楚对方说的是什么，而且也要用最快的速度在对方的言语中捕捉到有利于和不利于自己的信息，根据情况迅速做出分析，将

这些信息分类整理好，在头脑中形成一个大致的思路，然后找出应对的办法，最后做总结性的发言，这才是有效的倾听。这种有效的倾听将帮助我们说得宜的话，说正确的表明立场的话，进而取得谈判的成功。

在美国有一位非常有名的谈判专家，参加过很多重大的谈判，赢得了在谈判场上战无不胜的美名。因此很多人需要谈判时都希望他可以出面，帮助自己解决问题。

有一次，一位医生的房子在一场台风中被毁了，但是值得庆幸的是，这位医生为自己的房子上了保险，按道理他可以得到一笔赔偿金，但是具体的赔偿金额却是需要双方协议商定的。于是，这位医生找到这位谈判专家，希望他可以出面同保险公司商讨理赔的问题。

这位谈判专家问医生："请问您在这次台风中损失了多少呢？"

这位医生说："大概是200万美元吧，但是只要保险公司能赔给我一半，我就心满意足了。"

这位谈判专家知道了事情的经过后，就给保险公司打电话，希望可以尽快商谈。于是保险公司派来了一位代表，在与这位专家见面后，代表说："很荣幸认识您，先生。"这位代表在说话时表现得很不自然。专家看出了这位代表的不自在，就想好了谈判的策略。

接着，代表直接表明了自己的想法："先生，我知道您的谈判实力，可是像他这样的情况我们最多只能赔偿80万美元，您觉得怎么样？或许您觉得有些少，但是这种自然灾害是没有全额赔付的案例的，最高赔付比例也只是40%而已。"

专家笑笑，没有说话，因为他从对方的语言中听出了对方的意思，对方给出的价格连对方自己都觉得少，于是他等待对方的反应。果然，过了一会儿，看专家没有说话，这位代表有些不安地说：“为了显示出我们保险公司的责任感和诚意，我们同意将理赔的价格提高到100万美元，您看怎么样？”

这位专家说：“100万美元，您是在开玩笑吗？被毁掉的是整个别墅和屋里的所有财产，您认为这些只值100万美元吗？”

这位代表看到专家似乎有些生气了，于是说：“好吧，我们公司出于人道的考虑，同意将价格提高到150万美元。”

专家说：“太少了，我们再看一下现场吧，损坏是彻底的，这个赔付金额实在不足以弥补损失。”

于是这位代表又说道：“那么160万美元吧，这是我们能给出的最高价格了。”

这位专家说：“如果你们不打算付出200万美元，我们是不会同意协议的，并且我们会控诉你们公司的不负责任。”

这位代表听到这里，很怕惹上麻烦，于是最后答应了专家的要求，双方以200万美元的赔偿金额达成了最后的协议。这个结果远远超出了医生的预料，这是全额赔付，他认为谈判专家实在是太厉害了。

谈判专家说：“其实这也是我没有想到的。但是对方在与我谈判时，不断用到‘怎么样’‘是不是’‘如果’之类的词语，于是我判定其金额与对方的底线之间还有相当的距离，谈判空间还很大，因此我才提出全额赔付——200万美元。这要感谢对方将其底线说给我听。”

谈判专家非常好地利用了倾听的力量，他听出了对方话中总是出现“怎么样”“是不是”“如果”这样带有不肯定性的词语，经过分析，判断出谈判空间还有很大，这才非常强硬地说出了为己方争取利益的话——“100万美元，您是在开玩笑吗……”“太少了……”“如果你们不打算付出200万美元，我们是不会同意协议的……”，如此一而再、再而三地大胆地说“得寸进尺”的话，并最终为己方争取到了最大的利益。

试想，如果谈判专家没有进行有效的倾听，没有通过分析对方的话而得知谈判空间还很大，他还敢如此“得寸进尺”地说话吗？他还能为己方争取到最大的利益吗？恐怕早在对方答应给出100万美元时，就口出同意之言了吧！

在谈判桌上，有效的倾听是非常重要的，它关系到你能否说出正确的应对之言。**但值得注意的是，有效的倾听不是单纯地听，更包含了对对方的话的信息收集、信息分析、信息判定。**比如，在上例中，谈判专家发现对方频繁使用“怎么样”“是不是”“如果”等词语，就是信息收集；由此知道对方也觉得自己很可能不同意，就是信息分析；接着判定还有很大的谈判空间，则是信息判定。

总的来说，在谈判中，要学会有效地倾听，有了这个前提，我们的“说”才会更有效率，才能让我们赢。

礼仪点睛

在谈判过程中，占据主动位置的一定是会说的人吗？不一定是，有时候，能够把控沟通的主方向的人往往是一些善于倾听的人。卡耐基说：“对和你谈话的那个人来说，他的需要和他自己的事业永远比你的事重要得多。在他的生活中，他要是牙疼，要比发生天灾数百万人伤亡的事情还更重大；他对自己头上小疮的在意，要比对一起大地震的关注还要多。”因此，我们必须学会利用我们的耳朵，做一个善于倾听的人，并牢牢地抓住沟通的主控权。

喋喋不休地讲，既没效果又缺礼数

在谈判中，有时会遇到那些总是在喋喋不休的人，他生怕说服不了对方，或者别人不明白他的意识。但殊不知，他的喋喋不休一点也不会为他赢得谈判结果带来任何好处，反而会让对方觉得这个人是一个没有教养、没有礼貌的人。如果你想成为一位谈判高手，你必须知道何时停止说话、停止对对方的劝说。

苏格兰著名辩护律师弗朗西斯·威尔曼曾说过这样一段话：“当你发现石油的时候，要马上停止钻探；许多人因为钻探得过深过透，石油由地底冲天而出！”

与很多事情一样，说服成功的关键也在于一个度的问题。有时候，你想说服对方，如想让买方购买自己的东西，卖方的确必须制造一种紧迫感，以使买方尽快采取购买行动。但是，如果你不懂得把握分寸，总是一个劲地催促，不知道适时停止，不能理解对方的细微反应，那么很可能因为催促力度过大，对方会本能地退缩回去。

成功的销售人员善于拿捏说服的分寸，尊重客户的智慧；而糟糕的销售人员大多存在过度劝说的问题，他们低估了客户的认知能力。

由此可见，**你必须在开口之前仔细思考你要说的话会产生什么影响，在每句话说出之后留心观察对方的细微反应，说话的时候注意适当的停顿，给双方都留出思考和消化的时间。**很多人忽视审查对方的想法，只管按照自己的意愿侃侃而谈，口舌费了不少，却收不到任何效果。

玛丽是某咨询公司职员，负责业务开发工作。她最大的优点就是做事有恒心、有毅力，因此她的业绩一直很好。

有一次，她接待了一个印度公司转介到中国公司的客户，印度公司在转介的时候，特别向玛丽强调这个客户是一个虔诚的佛教徒，玛丽却不以为意。在洽谈的过程中，双方因合同中的付款方式存在微小异议而暂时中断洽谈。

事后，急于求成的玛丽不断寻找各种机会说服对方同意公司的付款方式，她不仅通过电话、邮件等方式，甚至在印度客户去寺庙祈福的时候，仍然站在客户旁边不停地解释公司为什么有这样的付款要求，希望客户能够签约。没想到，客户从寺庙出来后，不仅对玛丽非常生气，指责她破坏了寺庙神圣的氛围，而且还以玛丽不尊重他人信仰为由，立即终止了谈判，这笔业务就这样以失败告终。

坚持是一把双刃剑，说服中不能缺少坚持，然而把握不好坚持的尺度反而会起到相反的作用。玛丽怎么也没想到，自己的坚韧竟然成了导致失败的最大因素。

那么，如何把握好说服的尺度呢？

▲ 学会察言观色，认识必须停止说服的信号

心理学研究表明，人的内心活动通常有70%会直接表现在面部表情和肢体语言上。如果你观察到对方做出以下行为时，你就应当到此为止：双腿交叉并且晃动不停；频繁摇头或擦眼镜；咬嘴唇或用手指摸嘴唇。当人们做出这样的行动，说明已经产生厌倦或抵触心理，如果继续劝说，只会给对方造成反感。

▲ 做到张弛有度

橡皮筋绷太紧就会断，同样道理，如果一直给对方施压，对方很可能在

短时间内承受不了而产生逆反心理，这对说服的推进是相当不利的。因此，在说服过程中一定要根据对方的反应，随时调整说服的进度和强度，不能松懈，也不能一味地猛攻。

▲ 说服尺度因人而异

有些人喜欢听别人的指点和批评，那么说服者应该耐下性子逐步加深说服的程度；相反，有些人比较有主见，说服者只要做到点到为止即可，不必做过多过深的解释。换言之，说服到什么程度取决于说服对象。

把握好说服的尺度，不仅体现在根据他人的反应做出说服调整上，也体现在主动制造停歇上。

我们经常可以看到，当交涉陷入困境时，头脑灵活的人往往会趁机说一句“今天暂且到这里，下次再继续”，让双方都能获得喘息。试想一下，如果双方都互不相让，固执己见，那么结果只能是无休止地争论下去，浪费了时间，却毫无效果。为此，不妨主动提出停止交涉，让双方的头脑获得“冷却”时间，也许大家冷静下来之后，事情就能获得转机了。

礼仪点睛

永远都要记住：说服不能靠强迫。有时，三两分钟的休息、一个跑题的小插曲、一个暂缓的提议、一次“请再考虑考虑”的提醒，也能起到事半功倍的说服效果。但请注意，停下说服的脚步并不意味着无限期地拖延，这只是暂时的休息，说服者时时刻刻都要把握好“适度”这把尺子。

学会说“不”的方法，有情有礼才两全其美

在商务谈判中，讨价还价是难免的，也是正常的。但有时候对方提出的要求或观点与自己相反或相差太远，这就需要我们拒绝、否定。恰当的拒绝不但需要睿智的思维，而且也要有礼有节，这不仅能让对方感受到你的态度，而且也能避免使自己陷入尴尬的状态中。

当你在拒绝别人时，如果直接向对方说“不”，就很容易伤到对方，使谈判陷入僵局。为了使谈判能顺利地进行下去，我们在否定别人时应该随机应变、审时度势、有理有节地进行，使双方都有回话的余地，从而达成交易的目的。

三国时的华歆十分有才华，曾经在吴国的孙策手下任职。后来，孙策的弟弟孙权接替了孙策的职位，但是他并没有孙策的抱负，只想偏安江东，不图安定天下。与此同时，曹操掌握了北方的兵权，挟天子以令诸侯，积极招揽天下的人才，华歆更是曹操盛情邀请的人才之一。于是，华歆决定离开江东去投奔曹操。而他的朋友、同僚听说他要另谋高就，纷纷登门拜别，并且带着厚重的礼物。前后加起来，大概有数千人，仅是馈赠的黄金就有数百斤之多。华歆的心里一方面不想接受这些礼物，因为自己无功不受禄；另一方面又不好当面拒绝，因为这样会让朋友们觉得自己不近人情。于是，华歆选择了来者不拒，将朋友们所赠送的礼物一概收下。等客人走后，他就让自己手下的家人将送礼人的姓名写在礼物上，原封不动地收起来。

正式出发的日子到了，华歆家里热闹非凡，亲朋好友都来送行，华歆则隆重地设宴款待。等到酒宴接近尾声的时候，华歆对所有的客人说：“我本来不敢拒绝大家的好意，却没想到自己竟然收到了这么多的礼物。可是，考

虑到我这次单车远行，带着这么多贵重的物品，恐怕太危险了。所以，各位的好意我心领了，至于这些东西嘛，还是请大家各自带回吧。”

众人听了华歆的话，知道他是为了顾全大家的尊严，于是只好将自己的礼物带回，并且都颂扬华歆的高尚美德。

华歆因为要保持道德的高尚，所以不想接受亲友的礼物；但是为了顾全亲友的情面，又不能直接拒绝。于是，他转了一个弯子，含蓄地拒绝了众人的礼物，大家不但没有责怪他不近人情，而且都对他的做法敬佩有加，这就是古人拒绝的艺术。我们今天在谈判桌上也要注意自己说“不”的态度，既不能唯唯诺诺，又要在拒绝对方的同时，给对方足够的尊严。

如果想要拒绝与对方合作，也不要把话说得太死，类似“我们绝对不会跟你们合作”“要是我们会跟你们这样的公司合作，那太阳都从西边出来了”这样的话不要说。你可以委婉拒绝，如“要不这样，你们把资料和联系方式留下，有消息我们通知你”“我们需要一点时间考虑一下，有结果我们会第一时间通知你”。把话说得太死，轻则让自己尴尬，重则会让公司错失良机，蒙受损失。

某市某服装公司最新设计的冬装款式新颖别致，一上市便十分抢手。因此公司决定再购进一批原料批量生产。这个消息不胫而走，很快该市和外地的几家毛纺厂的推销员便来到该公司洽谈业务。

该公司立即派出采购科的业务员小李跟对方进行谈判。在洽谈过程中，小李了解到，这家毛纺厂最近不是很景气，就连他们的老客户也纷纷离他们而去。

小李想，这样的毛纺厂，怎么能合作呢？于是对毛纺厂的业务员说：“您可能要白跑一趟了，因为我们已经和一家毛纺厂签订合同了。”

毛纺厂的业务员见多识广，知道小李这是推诿之词，便试图打消小李的顾虑："我们厂以前在业界很有名，后来因为被卷入一起经济纠纷中，导致信誉受损，其实我们的实力是不赖的。我们的材料绝对是有保障的，不信，你看看，我特地带了一些原料来。"这位业务员边说边从自己的背包里掏出几块上好的原料来。

原料确实是上乘的，但小李还是觉得这家毛纺厂不够可靠，况且，还有几家不错的毛纺厂可供选择，所以不必去冒这个险。于是他很不耐烦地说："你也别费劲了，就算你们的原料是最好的，做工是最精细的，我们也绝对不会跟你们厂合作。"然后准备送客。

这家毛纺厂的业务员很无奈，但他还是做了最后一次努力，递给小李一份关于他们厂的详细资料，还有他自己策划的合作方案，然后微笑着说："既然这样，我也不勉强了。我把这个留下，如果你们改变主意了，请跟我联系，谢谢。"

小李没再说什么，接过对方的资料，随手扔在会议室，不料被经理看到。经理立即向小李询问情况，小李大致说了那家毛纺厂现在的处境，以为经理会同意自己的做法，谁知经理却说："不用再和其他毛纺厂谈了，就这家了。"

小李只好硬着头皮联系了那位业务员："不知道你有没有空，方便的话，过来谈谈合作的事。"

业务员立即反问了一句："你不是说无论如何都不会跟我们厂合作吗？"

这让小李有点尴尬，他很不好意思："抱歉，我把话说得太绝了，差点错过了你们这么好的毛纺厂。"

小李为自己的那句"我们绝不会和你们厂合作"而感到难为情，只好硬着头皮去道歉。好在经理及时发现了那份资料，加上这家毛纺厂也需要这次机会，所以才没有让公司错失良机。假如对方是比较得势的厂，那小李也可能因此完全毁了这场谈判，让公司失去一个获得更多利润的机会。

这就再次证明，商务谈判中不能把话说得太绝对。把话说得太绝，很可能会“搬起石头砸自己的脚”。**商场是瞬息万变的，你永远不知道下一秒会发生什么；况且，人难免会有决策失误的时候，你永远不能保证自己的做法完全是正确的。**为了避免陷自己于被动、不利位置，不妨让语言帮你一把——说话委婉，才能给自己留足后路，让自己进退自如，才是赢得谈判，实现共赢的明智之举。

礼仪点睛

在谈判桌上，每个人都有自尊。谈判的人在很多时候为了照顾别人的心情而无法说出自己的真实想法，结果使自己陷入了进退两难、骑虎难下的境地。

其实，给别人留情面固然重要，但是，在照顾别人的同时也不能委屈了自己。很多时候，只要我们学会了说“不”的方法，就可以把事情办得两全其美：既顾全了别人，也成全了自己。

谈判不是追债，不能对问题穷追猛打

谈判中有一大忌讳，那就是：三句话不离对谈判结果的追问。这既是一个雷区，也是一种非常不礼貌的行为。虽然说谈判的目的之一就是为了结果，但作为谈判者，你必须充分地考虑对方的感受。

如果谈判中你一而再、再而三地追问对方谈判结果，连一个考虑与权衡的空间也不给对方，对方必然会觉得压抑。况且，你虽是一个比较合适的选择，但对方仍有备选。即使跟你的合作失败了，他还可以和别人合作，既然如此，他又何必要承受你给的压力呢？

吴明是个车险业务员，这个月，他的业绩很糟糕，一连半个月都没有拿到一张订单。这天，终于有一位客户打电话来，说对他们的车险很有兴趣，希望吴明能过去跟他当面谈。吴明很高兴，立即动身去了。

见到客户后，吴明开始耐心地向客户介绍他们公司的车险。因为客户本来就有意愿，加上吴明的仔细讲解，他更看好这份保险了。但是，车险毕竟是一份不小的开支，所以他准备再考虑一下。

吴明不明白这位顾客的意思，他只想快点签约，于是谈判刚结束，他就急着问："不知道我们什么时候可以签单？"

"我再考虑一下。"

"我们的车险是绝对划算的，您不用担心会吃亏。"

"我对你们的车险很满意，但我想再和我家人商量一下。"

"我觉得不用商量了，这么划算的车险，您还等什么？"

客户还是坚持需要一点时间考虑，吴明只好起身告辞，但他走时还不忘问了一句："应该没什么问题吧？"

客户微笑以对，没有做出直接的回答。

吴明离开后，客户出门去办事，不巧在电梯口又遇到吴明，本以为再和吴明寒暄两句就可以了，没想到吴明问道："您考虑得怎么样？应该差不多了吧？"

这让客户有点为难，他只好说：“别着急，给我点时间。”顿时，吴明让这位客户觉得很反感，客户礼貌性地笑了笑，然后立即离开了。

两天过去了，这位客户一点音信也没有。郁闷之余，吴明找朋友诉苦，朋友听他说完整件事情的经过后，惋惜地说道：“你性子太急了，你干吗老问人家结果如何啊？客户都说了两天后给你回复，你就沉不住气？你想啊，要是有人向你推销你喜欢的东西，穷追不舍地问你购买的意愿，你烦不烦啊？要是我，想买我也不买了，又不只有你一家。”

顿时，吴明恍然大悟，后悔莫及。

本来这位客户的订单吴明是势在必得的，但他因为苦苦追问谈判结果而让客户避而远之。假如他能耐住性子，绕开“三句话不离对谈判结果的追问”这一误区，那他可能就能如期地接到客户的电话了。所以说，谈判结束时，不要苦苦追问结果。

我们不否认，要尽快知道谈判结果，但是知道它的方式不应是“着急”，而应是“积极”。这两者是截然不同的。往往，踩到谈判雷区——三句话不离对谈判结果的追问——的人是“着急”，而非“积极”。他们迫切地想知道谈判结果，因而可能会直截了当地说：“您看，我们谈得也差不多了，要不把合同签了吧？”或像事例中的吴明一样，不时地冒出一句：“你考虑得如何？”更有甚者，甚至会直接跟在对方身后，一直追问：“相信我们的合作一定会很愉快的，不知道我们什么时候能签合同？”

与其这样，不如采用“积极”的策略。比如，谈判已结束，但结果尚不明确时，你可以说：“不知贵公司意下如何，以上都是成文的合约，如果还有什么有异议的地方，我们可以再做商讨，共同解决。”你也可以说：“可能我还有考虑不周的地方，欢迎您随时跟我联系，我们再仔细商量。”“如果您还有什么要求，都可以跟我说，我尽量帮你申请到。”这么说，对方看到的是你解决问题的决心与合作的诚意，就会更愿意接受你的产品或要求，而不是心生反感。

当然，有的时候也要适当追问一下，你可以在谈判结束的时候，和对方说：“希望我明天能听到您的答复。假如您这两天比较忙，那我希望这周我能听到你的好消息。”言语中给对方暗示一个期限，委婉地表达自己想知道结果的心情。但是，意思表达出来就可以了，没有必要反复强调，更不要三句话不离对谈判结果的追问，以免招致反感情绪。

礼仪点睛

谈判中如果对结果一直穷追猛打，不仅会让对方觉得厌烦，也会因你的无礼而降低对方合作的意向。因为当对方对结果持有保留意见时，就说明他还希望有一点考虑的时间和空间，这时，我们要想急着知道答案，也应该是婉转地提出我们的想法，或者就给对方一些思考的空间和时间，同时也给我们自己一些时间。不管哪种方法，都要比穷追猛打效果好。

谈判最后一步，签约仪式的礼仪知多少

签约是指合同的签署。在商务交往中，虽然口头承诺、君子协定在一定程度上也有作用，但是文字性合同是让谈判对象心安理得、更有效地取信于人的依据。**所以在商务交往中，签约仪式标志着有关各方相互关系取得更大**

进展，达成了一致性见解。在商务谈判中，如果签约仪式上的礼仪不明白，就很容易出现问题。

经过了长期的商业谈判后，某大城市的一家知名公司终于同美国的一家跨国公司谈妥了一笔大生意。双方在互相达成合约之后，决定正式为此而举行一场签字仪式。

因为当时双方洽谈是在我国进行的，所以签字仪式便由中方负责。但出乎中方意料的是，就在仪式正式举行的那一天，美方却因为仪式上的不足而差一点儿在正式签字之前“临场变卦”。

是什么地方的不足让美方人员如此生气呢？原来，中方的工作人员在签字桌上摆放中美两国国旗时，误以中国的传统做法“以左为上”代替了目前所通行的国际惯例“以右为上”，结果将中方国旗摆到了签字桌的右侧，而将美方国旗摆到签字桌的左侧。

这样的摆法让美方人员恼火不已，他们甚至因此而拒绝进入签字厅。尽管这场风波最后经过调解而平息了，但它留给了人们一个教训：在商务交往中，对于签约的礼仪不可不知。

通过上面的事例我们不难看到，签约时，尤其是在那些涉外活动中，一定要遵照一定的礼仪，合同不是随随便便就能签订的，如果一些礼仪做不好，就会让谈判的对方产生误解，从而使费尽力气争取来的谈判结果受到影响，甚至毁于一旦。下面是国际商务礼仪中关于签约的一些基本做法，应该牢记在心。

▲ 安排好座次

举行签约仪式时，从礼仪上讲一定要在力所能及的条件下，认认真真、郑重其事地进行操作。而举行签约仪式时的座次排列问题应该是最引人注目的。一般情况下，举行签约仪式时，座次排列有三种基本形式，可在不同的情况下适用。

并排式。并列式排座是举行双边签约仪式时常见的形式。其基本做法是：在室内将签字桌面对正门横放，双方出席仪式的全体人员在签字桌之后并列排列，双方的签字人面对正门而坐，主方居左，客方居右。

相对式。这种签约仪式的排座与并排式签约仪式的排座基本相同。其主要区别是，相对式排座将双边参加签约仪式的全体人员移至签字人的对面。

主席式。这种排座顺序主要适用于多边签约仪式，其做法是：签字桌仍需要在室内面对正门横放，但只设一个，并且就座者不固定。所有各方人员，包括签字人在内，在举行仪式时皆要面对正门、面向签字席就座。签约时，各方签字人要按规定的先后次序依次走上签字席就座签字，然后再退回原处就座。

▲ 基本程序

有关各方人员应该在此时先后步入签约厅，在各自既定的位置上正式就位。然后宣布签署文件。通常的做法是先签署由己方所保存的文本，然后签署由他方保存的文本。每一位签字人在己方所保留的文本上签字时，依照礼仪规范，应当名列首位。所以每一位签字人均要首先签署由自己保存的文本，然后再交由他方签字人签字。通常这种做法被称为“轮换制”。它的含义是指，在文本签字的具体排列顺序上，有关各方应该轮流，均有机会居于首位一次，以示各方完全平等。

▲ 交换文本

此时各方签字人应该交换文本，然后相互握手，互致祝贺，并把刚才用过的签字笔相互交换，以作纪念。全场人员也要热烈鼓掌，以示祝贺之意。

▲ 共饮香槟

已签订的合同文本交换后，有关人员尤其是签字人员当场要共饮一杯香槟，这也是国际上通用的以增添喜庆色彩的做法。

礼仪点睛

尽管签约仪式不一定非举行不可，但是对于签字本身必须慎重对待，不可草草收场。任何时候，都不要小看了签约仪式上的礼仪，这代表着企业的形象和个人的礼仪问题，如果我们不郑重对待，一旦出了差错，丢脸事小，如果惹恼了对方，那么我们之前所做的一切努力都将白费。

谈判结束，别忘记向对手表示祝贺

什么才是成功的谈判？那就是在谈判之后，你让对方感觉到他赢了。也许很多人对于这个想法都不敢苟同，但是你也可以把这种向征服者表示祝贺的做法当成一种礼节。当你的对手和你谈判之后有了这种胜利的感觉，他往往自鸣得意，忘掉去计较一些小部分的得失。也就是说，当你在谈判结束后，无论你感觉对方的谈判技巧有多么糟，你也要记得祝贺，尊重对方是谈判的基本要求，如果你连这一点都做不到，那么就没有合作的可能和必要。

一个完整的谈判过程，包括开始、进行与结束二个方面。对于这三者，一个优秀的谈判者应该会兼顾，谈判开始时会格外注意措辞，谈判过程中会努力掌握好说话技巧，谈判结束时该注意的地方绝不会疏忽。但是，很多谈判者对于谈判的开始阶段和进行阶段可能会格外注重，而对于结束时该注意的地方却往往会忽略。

公司有一批新产品已经投入生产，马上就可以上市了，本来是件开心的事，但是既要忙于时尚服装又要忙于珠宝的王董却很忧虑，因为公司还没有找到合适的明星作为代言人。

王董关注了一段时间，终于选中了自己满意的代言人。但是王董中意的这位明星却总是没空，好不容易等到她有空了，王董立即动身亲自去洽谈。不巧的是，这位大明星已经答应帮另外一家珠宝商代言产品，她明确告诉王董说："真的很抱歉，我不能同时代言两家同类产品，这不利于你们的发展，也有悖于我的职业道德。不过真的很感谢您，能给我这么好的机会。"

听到这话，王董着实很失落，但他还是面带微笑地说："没关系。我们迟了一步。"离开前还起身握手，友好地说："谢谢您能抽时间来见我。也祝贺您能为××珠宝代言，希望以后您也能为我们代言。"

这位女明星以为王董会冷漠地离开，没想到他竟然友好地加以祝贺，这给她很大的触动，她回以真诚的微笑，说道："一定。"

后来王董想为自己的服装换位代言人，这次，他还是很希望那位女明星能帮忙代言，于是亲自去和对方谈，没想到这次很顺利，女明星一口就答应了，还说："上次没帮您代言您的珠宝，真是很抱歉。这次我就恭敬不如从命了。"

让王董更高兴的是，由于这位女明星是当红女明星，因此，他的服装在她的代言下销量直线上升。

王董起初在谈判结束时的一句小小的祝贺、一个友好的握手，给这位女明星留下了深刻的印象，赢得了她的好感，让她在第二次合作中欣然答应，最后实现了双赢。这就是“道贺”的魔力。

谈判结束阶段，别忘了向对方道贺，即使这次谈判没有成功，你可以对他们跟别人的合作表示祝贺，如：“虽然我知道，我们并没有争取到理想的结果，但很幸运的是，你们让我们从中学到了很多东西，谢谢你们，也祝贺你们。”

当然，假如你们促成了合作，那更要道贺，你可以说：“预祝我们合作愉快！”你也可以说：“久仰你们的大名，今天算是开了眼界，佩服你们，也恭喜你们！”

当然，**道贺的话也不是越夸张越好，更不是赞美对方的话越多越好，相反，应点到为止，贵在真诚。**假如对方在谈判中的表现略胜一筹，不妨心悦诚服地表达一下自己的赞美，同时送上自己的祝贺，这样对方听着舒服，也会深深地记住你的礼貌、周到与谦虚。

总而言之，谈判结束后，要记得向对方道贺，注重这一细节，对未来的双赢合作有益无害。

礼仪点睛

谈判结束后，还有很多话需要说，比如，与对方握手相互表示祝贺，离开时与对方微笑告别……这一环节注意了，能帮助你给对方留一个好印象，即使此次谈判没能促成合作，实现共赢，也能为下次谈判埋下伏笔。

双赢的局面，才是谈判中最高的礼仪技巧

要想在谈判桌上说服别人，往往就得相应地给人家带去一定的利益，只有双赢的局面，才能让双方对谈判产生满意的结果，使以后的合作有更多的可能。产生双赢的局面，其实不仅是一个谈判高手需要的谈判技术，更能体现一个谈判者的修养和礼仪，因为，在谈判时，他不只考虑己方的利益，同时也估计到了对方，让对方看到了你的尊重和修养。虽然有时候并不能马上给人带去现实的利益，但至少也要让人看到自己的利益，或者是许诺给对方以利益，这样才能更好地打动别人。

法拉第是发电机发明人，没有他，英国第二次工业革命就很难掀起狂潮，也就没有今天繁华光亮的世界。而他之所以成功，与他争取到政府的资助关系重大。

那时候，法拉第由于没有足够的经济来源，在研究发电机的过程中，遇到过严重的经济危机，如果没有人资助他，就只好放弃研究了。他想了好久，最后决定向政府寻求研究资助。

当他带着一个发电机的雏形求见英国首相史多芬，向史多芬满腔热情地讲述着这个划时代的发明时，但是对面的史多芬反应始终非常冷淡，对法拉第的发明创造没有表现出丝毫的兴趣。

法拉第知道不能说动史多芬，没有政府的资助肯定就没有戏了。眼看史多芬对这种科学研究没有兴趣，于是他灵机一动，就说起了这种发明将会带来的收益说："首相，这个机械将来如果普及的话，必定能大大增加全国的税收。"

史多芬听到能够增加政府的税收，马上就来了兴趣，开始认真地询问这个发明的相关内容。就凭那一句话，首相改变了初衷，最后拨给了法拉第一笔不小的研究费用，让他完成了这个改变世界的发明。

法拉第求助于史多芬，费尽心思也没能够把他说动，但在让史多芬看到资助自己将取得政府的巨大收益后，法拉第终于成功地获得资助。若非如此，也就不会有法拉第的成功，就不会有英国工业革命的成功，更没有整个世界的辉煌发展。

商务谈判也是同样的道理，如果我们能向对方阐释清楚利益均沾的道理，那么便能拉近彼此距离，让氛围和谐起来，谈判也将进行得非常顺利。

据说，希尔顿在建造达拉斯希尔顿饭店时，曾经因为资金不足，被迫停止了施工。

为了顺利施工，希尔顿只好找到他的房地产商——杜德。

杜德听到希尔顿面临的困境之后，只是事不关己地回答了一句："那只好停工了。"

希尔顿说："但是这样下去，您的损失比我还大。"

杜德听到自己的利益即将受损，立即说："你这是什么意思？"

"假如我的饭店停工的话，势必会对你的地价造成影响。假如我趁这个机会宣扬一下，我之所以停工了，是因为盖在这里不好，我想另选地点，那你的地皮就会变得不值钱了，因为很少有人会相信我会没有钱……"

杜德认真思考了一会儿说："所以你来找我的目的是什么？"

"我有一个互惠互利的方法，就是你出钱帮我把饭店盖好，然后我再花钱向你买。"

杜德疑惑不解，希尔顿解释说："意思就是说饭店你来盖，再卖给我，我分期付款给你。更重要的是，只要饭店继续盖下去，附近的那些地都有增值的潜力，如果我再帮你宣传一下，到时候你一定不会吃亏。”

虽然希尔顿的这种手段有近乎耍无赖的感觉，但是他说的都是事实，所以杜德只好同意了希尔顿提出的条件。

在上面这个事例中，希尔顿在谈判时始终围绕彼此的利益关系在说，让对方充分意识到了合作的获益以及不合作的损失，这才在谈判中取得了成功。

试想，如果希尔顿自始至终都围绕着“你必须借钱给我”这个中心说服杜德，说自己多么迫切地需要帮助，说自己会记住这份情谊；而不告诉杜德这样对他来说有什么好处，不这样做又会有什么坏处的话，杜德是绝对不会动心的，相反，他可能会始终保持一种事不关己的态度。

谈判中，我们也不妨明确地告诉对方双方合作后，彼此的利益都会增值。**而只要真诚地向对方阐释清楚“一荣俱荣，一损俱损”的道理，就很容易拉近双方的距离，促成协议的达成。**真诚是一个人难得的品质，有时候，一个人的成败不在其他方面，而在于他是否真诚。日常生活中如此，谈判中更是如此。

礼仪点睛

谈判总是陷入僵局的一个很重要的原因，就是谈判方总是想把自己的利益最大化，而把对方压榨干。这种谈判方式永远都只是一锤子的买卖，哪怕这次谈判成功了，对方回去后难道会乐于接受这样的局面吗？而你又会有一个怎样的口碑呢？因此，要想让企业长远发展，谈判就要永远从双方的利益来考虑，做到双赢的局面。这样，不仅自己的企业会永远拥有良好的口碑，你也会得到一个有礼有才的评价。

第八章

拜访礼仪：鲁莽的闯入显得你和公司都没有修养

◎ 提前预约，不要在队列中横冲直撞

◎ 初次见面，自我介绍体现了你的文化和礼仪

◎ 一张小小的名片，里面有着不小的“故事”

◎ 握手，有时比语言更富有情感

◎ 行为举止彬彬有礼，每个人才会喜欢你

◎ 聊天就要让双方都感到舒服

◎ 交谈过程中，莫要轻易打断对方说话

◎ 寻找共同点，拉近彼此的距离

◎ 适时告辞，别等着对方下逐客令

提前预约，不要在队列中横冲直撞

我们拜访客户前，应该与对方提前进行沟通，约好见面的时间，这是最基本的礼貌。没有预约的拜访就好比是在客户有序的队列中横冲直撞，很容易把他的计划打乱，从而让对方很生气，当然，你在对方心中的形象也会受到破坏。

王晨是一家IT公司技术工程部的主管，为了了解客户对本公司的要求，他有时候会被派到客户的公司参加他们的会议。其实，这项工作最初的负责人不是王晨，而是小刚，可是小刚每次去开会时，总会丢三落四，不是忘记拿笔记本，就是忘了带资料，公司由此也受到客户的投诉。上司后来怕公司形象受到损害，于是让王晨接替了小刚的工作。王晨是一位做事认真的员工，无论做什么事都会事先计划好。每次去客户公司开会时，需要用到的一些资料他都会准备好，甚至客户可能会另外用到的一些公司产品，他都会提前准备一份。

在开会的那天早上，王晨会起得很早，将自己的仪容整理好，然后再到客户的公司开会。他总能在会上对客户提出的问题对答如流，客户也对王晨十分满意。有时候他们会打电话给王晨的上司，夸赞王晨的工作态度。

在这个故事中，王晨和小刚形成了鲜明对比，由于小刚是一个缺乏条理、不注重礼仪的人，所以在参加客户的会议时，经常因疏于准备而出现丢三落四的情况，从而引起客户的不满。王晨却不同，他做事非常认真，不管是在个人仪容还是在会议的内容方面，他都准备得非常充分，这样，也让客户对王晨很满意，从而得到客户的赞赏。

李鹏飞是一名刚刚从事销售工作的人员，他第一次去拜访客户时心里甚是紧张。当他把自己的来意说明后，客户想看看他们公司产品的资料，于是他把准备好的资料交给客户，可是对方却觉得这些内容不够详细，于是问他有没有再详细些的介绍。李鹏飞只能抱歉地说没有了。后来客户向李鹏飞要名片，李鹏飞说因为自己刚刚入行，还没有名片。在连讨两个“闭门羹”后，客户觉得甚是没趣，于是再也没有谈下去的兴趣，就客气地说了一些无关紧要的话，便推托有事，而李鹏飞也不好意思再继续打扰。这样，他的第一次拜访就以失败而告终。

吃一堑长一智，第一次拜访虽然没有成功，但让李鹏飞知道了拜访所应注意的礼仪。在后来拜访客户时，他都会把该准备的材料准备齐全，并为自己印制了名片，随身携带。功夫不负有心人，李鹏飞在短短的三个月内取得了很好的业绩，同时也受到了经理的鼓励和夸奖，让他更有信心做一名优秀的推销员。

李鹏飞在刚踏上推销之路时，对很多事项都非常模糊。但他是一个知错能改的人，认清自己的缺陷，并认真完善，终于让自己取得了好的业绩。那么，我们在拜访客户时应该做哪些准备呢?

▲ 要选择好预约的时间

日常的商务拜访要提前一周左右，私人拜访也不要少于提前三天预约。拜访的时间应以不妨碍对方为原则，一定要注意错过吃饭时间，午饭后或临睡前的时间都是不妥当的。一般说来，下午四五点或晚上七八点是最恰当的拜访时间。

▲ 预约的方式

一般是电话和或信函预约，而电话的方式更为普遍一些。一些职场人士认为，打预约电话很简单："不就是拿起电话，拨通号码，说几句话的事吗？"事实不然。这几句话怎么说，说的方式不同，结果也会迥异。

打预约电话时要注意礼貌，如果是打给陌生客户，就更需要格外注意电话礼貌。

不妨保留完整的通话记录。有时候，你打电话给对方，对方不在，这也需要记录吗？是的，要记，而且要记得清清楚楚，比如，对方为何不在。还有，打预约电话时尽量别在电话中进行产品说明，尤其是一些细节，这样会拉长通话时间，客户也不见得听得懂，或者听一听就拒绝掉，反而影响预约的目的。当然也不能全然不提，简单介绍一下是非常有必要的，这是预约成功的桥梁。正确的方法是，电话通了以后，说话一定要简洁，抓住要点。一定要站在对方的立场上考虑问题，千万不要强迫对方，要使对方有被尊重、被重视的感觉。

同时还要注意，打预约电话的时候，不可以一边抽烟、饮食或嚼口香糖，相信谁都不喜欢听到对方在电话那一头发出"滋滋"的咀嚼声吧。另外，一定要比对方晚挂电话，不管约访有没有成功，要维持应有的礼貌态度。通常，用"谢谢两次、再见三次"来结束这通电话，最忌讳打预约电话的时候，你比客户先挂断电话，这么一来，对方不但会感到很突兀，即便前面对方已经答应了你的预约，后面的进程也不会太顺利。

▲ 预约时一定先确定时间、地点，留下联系方式，如电话、手机号码等

预约成功后，必须严格守时，因为对方已对这段时间做出了安排。让别

人无故干等是严重失礼的事情，如确因意外情况而不能赴约或需要改期，也要事先通知对方，并表示歉意，因为失约或迟到均属不礼貌行为。

成功的电话预约，不仅可以使对方对你产生好感，也便于推销工作的进一步进行。任何不约而至或不期而遇的不速之客，在现代社会不仅被认为是不礼貌，甚至可能会吃闭门羹。

▲ 提前准备好资料

在拜访客户前，要提前准备好使用的材料，不要临出门了才想着找资料，以免因为出发时间仓促而把一些重要的文件或资料丢落。此外，你还应该打电话告诉对方也要做好接待准备，将相关的资料准备好，那样双方碰头时，就不会耽误彼此的时间，从而有效地促进双方的沟通。

礼仪点睛

俗话说：“不打无准备的仗。”要想信心百倍地做好一些事情，应该将一切准备就绪。要尽可能想到一些细节，做好充分准备。“三思而后行”总是没错的，只有想得周全、做得仔细，才能让客户觉得你的产品值得信赖。

初次见面，自我介绍体现了你的文化和礼仪

在职场中，往往少不了人际交往，尤其是有的职位，比如销售、公关等，常常需要跟陌生人打交道。在这种初次见面中，交往双方对对方都一无所知，因此，初次见面，如何做好自我介绍，让自己既大方得体又不失礼

节，就显得极为重要了。

自我介绍是日常交际中，与陌生人建立关系、展开交往的一种非常重要的手段。做好自我介绍很重要，而且一定要经过精心设计才好。自我介绍的好坏，直接影响你留给对方的第一印象，以及今后是否能继续交往。自我介绍在拜访中起着敲门砖的作用。

一段简短而精准的自我介绍，其实是为了展开你与对方更深入的交流与沟通而设的。所以在交际时，如何向陌生人做自我介绍，使自我介绍的内容和方式引人注目是让对方认识并认可的最重要的手段。

自我介绍是交际中相互认识的开端，也是求职面试的第一个并且很重要的环节。它是自我推荐的敲门砖，这块砖要是运用得好，可以打开与他人交往的门，使你获得良好关系的开端。更重要的是可以使你在交友、择业、商业合作等诸多的交际中畅通无阻。如果这块砖运用得不好，那么一切的才能都无法向他人展示。

在拜访中，把握自我介绍的时间很关键。如果你的自我介绍时间过长，会使对方失去耐心甚至产生反感。一般正确的自我介绍时间为3分钟左右，有时候仅需1分钟就足够了，因为有的人很珍惜自己的时间，只给你1分钟的自我介绍时间。

研究生毕业的阚晓萌很健谈，有极佳的口才。对自我介绍，她认为完全是小菜一碟，所以她从来不做准备，通常是见什么人说什么话。

有一次，阚晓萌跟一家大型房地产公司的总裁约好洽谈业务。在去之前，阚晓萌没有做任何准备，她觉得凭自己的口才、自己的实力，做个自我介绍，洽谈个业务，是绝对没问题的。

见到房地产公司的总裁后，阚晓萌就开始东一句、西一句地做自我介绍，一点儿也不简明扼要。做自我介绍的时候，她又开始大谈特谈自己对未来房地产走向的看法。她说完这一方面，又扯那一方面。虽然把自己的才学炫耀得天花乱坠，却一点也没有谈到关键的地方。

总裁为了表示尊重，很耐心地听完她严重跑题的自我介绍。最后，总裁微笑着说："这位女士，请把您的名片拿走吧，我还有别的事。"最终，阚晓萌失败的自我介绍使她没有谈成这笔业务。

进行自我介绍一定要力求简洁明了，尽可能充分利用极短的时间。自我介绍也要选择在适当的时间进行，最好选择在对方有兴致、有时间、情绪好时。

自我介绍一定要紧扣主题，可以根据不同的交际场景做出侧重点的调整，但切记不要跑题、偏题。

做自我介绍时要有一个友好、亲切、自然的态度，在整体的形象上要大方自然，面带笑容，语气平和，语速平缓，语音清楚，充满自信。

自我介绍时要敢于与对方对视，要显得大方得体，从容淡定。自我介绍的内容一定要符合你的真实情况，不能有虚假的信息。

自我介绍必须精心设计、认真准备，不要轻视它的简短。自我介绍就是你与对方语言交流的第一印象，它会直接影响后面关系的发展，因此，一定要认真对待，多加练习模拟。还需要征求家人或朋友的意见，然后写成文字稿，这是很有必要的。

自我介绍一定要口语化，尽量不要文言化、书面化，让人听起来易理解。自我介绍一定要力求简洁、精准、简短。

自我介绍一定要有自己的特色，一定要有特别之处，要有新意，不要流于形式。**要学会抓住自己的长处，清楚自己的优势与劣势，找到最恰当的定位，再进行语言的包装**。好的自我介绍是女人对自己最完美的语言的"形象设计"。

礼仪点睛

自我介绍是否成功直接关系到下一步的交往，会让人在他的思想中先入为主地为你定位。自我介绍所留给对方的印象很关键。尤其在拜访客户时，短短的几分钟，就必须用精练而富有特点的自我介绍获得对方的认可。

一张小小的名片，里面有着不小的“故事”

很多人对名片有一种误解，觉得谈生意才需要印制名片，其实名片已经渐渐成为人际交往和对外交流的工具。**一张小小的名片可以将主人的个性风貌展现出来，甚至还可以看出一个人或一个企业的群体文化。**

如今在职场上，名片已经变得越来越流行，它在商务交往上更是被频繁使用。名片是一个人在商业上的身份说明，也是商务信息交流的一个平台。特别是在商务活动中，名片的相互交换是相当普遍的事情。但是很多人并不太清楚怎样去对待客户的名片。

李子睿是一家公司销售部门的员工。这天，他要去拜访一位新客户，两个人约好在一家咖啡厅见面。在此之前，李子睿做了大量的工作，想好了自己该怎么向客户介绍自己公司的产品、如何拿下客户，为此他还准备了很多资料。

见面后，李子睿递上了自己的名片，出于礼貌，客户也回赠了他一张自己的名片。李子睿顺手接过名片，看也没看就放进了自己的口袋，因为他急于向客户介绍自己公司的产品。结果，李子睿没有意识到自己对待客户名片的态度让客户产生了不满。在仅仅听了几分钟后，客户就推托有事而匆匆离去。

李子睿后来再联系对方，对方不再理会他。因为李子睿对待客户名片的态度让客户甚为不满。要知道名片象征着一个人的身份，你对名片的不尊重就是对客户本人的不尊重。

所以说，我们对待客户的名片一定要慎重，不能随随便便地装入口袋，这难免会给自己的工作带来阻碍。作为职场人士，我们有必要加强一下自己的名片礼仪。

我们要认识到，如果交流的双方对彼此都比较了解，那就不用急着一见面就给对方名片，可以直接进行交谈。如果你想用名片再加深对方对你的印象，使关系更进一层，可以在交谈结束后，你要走的时候给他你的名片。如果自己有事还要待在这里一段时间，就应在名片上写上你现在暂时的地址以及联系方式，以便对方与你联系。如果你和别人交流之前，有第三者做介绍的话，应该在介绍人向你介绍过对方之后再相互递交名片，也可以在交谈后交换名片。

递交名片的时候，要说几句请别人照顾的客套话。如果对方递交名片，你应该恭敬地用双手接过名片，并要对着名片认真看一看，同时可以说一些恭维对方的好话，然后将对方的名片放在你的名片夹里或者公文包里。不能看也不看地直接塞进口袋里，这是非常不尊重人的一种表现。

特别是在商务活动里，如果你是去迎接客户或者客人，而你们又是第一次见面，这个时候，应该等对方主动给你名片。相反地，当你去拜访别人时，你应该首先拿出名片给别人。

那么，具体到递交和接受名片上，我们应该在哪些方面注意呢？

▲ 向别人递交自己的名片

在向别人递交自己的名片时要注意的一点就是态度要恭敬，在动作上也应该谨慎。一般情况下，有三种递交自己名片的方法。

（1）双手的食指和大拇指分别夹住名片左右的两端，毕恭毕敬地将名片送上。名片的正向要对着对方，以表示对对方的尊重，使对方接到名片时方便阅读，不必再倒转。

（2）将食指做弯曲状，与大拇指一起夹起名片，恭敬送上。同样的道理，名片的正向要对着对方。

（3）除拇指外，其他四指并拢，将名片放在手掌中心，并用大拇指夹住名片的一角，恭敬地送到对方面前。同样，把名片的正向对着对方。

以上是我们经常使用的正确递交自己名片的方法，一定要注意应用。不要在递交名片的时候，用一只手随便递过去，这是不礼貌的。更忌讳的是，在递名片时，用食指和中指夹着名片递给对方，这是一种极其不礼貌的行为，因为这种方式就像拿手指指别人。在日常生活中，随意用手指指人是对人大不敬的行为，同时还具有挑衅的意味，所以让人反感。不要以为递送名片是区区小节，并对此不以为然，它直接影响你和别人的交流是否顺畅。

▲ 接受别人送过来的名片

名片是一个人名字的变相存在，它同样代表了这个人。所以，接受别人送来的名片时一定要恭敬，不可傲慢无礼，否则，就是对别人的不尊重。

在接受别人名片的时候，要注意以下几点。

（1）尽量用双手接受别人的名片，如果手里拿着东西，应该先把东西放到一边，实在腾不出两只手，就要向别人说声抱歉。

（2）如果你一次同时接到了多张名片，一定要记住谁是谁，这样才能对号入座，不会在称呼别人的时候，因叫错别人的名字而尴尬。

（3）接到别人的名片以后，要妥善放好，不要随便扔在什么地方，更不要将别的什么东西压在别人的名片上，这是对别人的一种侮辱。所以，最好要准备一个名片夹，把别人的名片恭敬地放到里面，也可以把对方的名片放在随身携带的公文包里。

（4）有时你会碰到这样的情况，对方因为某种原因忘记给你名片，而你又很想得到，以便对他更加了解。碰到这样的情况，得体的做法是，开口向对方索要，这会使你赢得别人的好感，因为你主动向别人讨要名片的行为恰恰是表达了你对对方的兴趣和关注。

礼仪点睛

名片是一个人尊严的象征，尊重别人的名片也就等于尊重别人的尊严。当客户给你名片的时候，你对待名片的态度就影响着客户对你的看法，如果你表现得非常慎重，那么客户必然会增加对你的好感，而你们的交流也就会变得很顺畅。所以，切不可忽视这些表面看起来不起眼的细节，它是一个人修养及素质的体现。

握手，有时比语言更富有情感

在日常的工作与生活中，握手是人们经常使用的一种礼仪。它不仅可以用在人们相互见面和告辞时，还可以作为一种祝贺、感谢和相互鼓励的表示。握手看上去十分简单，却是我们与陌生人进行沟通、交流，增进关系的重要手段。

我们来看一则关于玫琳凯化妆品公司创始人玫琳凯的故事。

玫琳凯在做推销员期间，有一次，销售经理召集员工们开会。会议结束时，大家都希望可以同经理握握手。玫琳凯和大家一样，也十分崇拜这位经理，但由于想跟经理握手的人实在是太多了，玫琳凯等了好长时间，才与经理握了手。

然而，让玫琳凯极为失望的是，经理在同她握手时，根本就没有正眼看她一眼，而是用眼睛去看她身后的队伍还有多长。玫琳凯看出经理很累，可是，自己也等了很长时间，同样很累呀！自尊心受到了伤害的玫琳凯暗暗地下定决心：假若有那么一天，有人排队等着同自己握手，自己要把注意力全都集中在对方身上——无论自己有多累！

后来，玫琳凯创建了自己的公司，名气也慢慢地大了起来。她无数次站在队伍的前头同好几百人握手。不管有多累，她总会牢记当年自己排那么长的队等候同那位销售经理握手时所受到的冷遇。如有可能，她总会想方设法同对方说点亲热话——也许只是一句，如“你的发型很漂亮”或“你穿的衣服真时尚”等。玫琳凯在同每一个人握手时，总是集中注意力，不允许有任何事情分散了自己的注意力。

正是玫琳凯与人握手时能集中注意力，使得很多人都觉得自己受到了尊重，她的公司的生意也蒸蒸日上。

握手不仅仅是一种礼节。当两只手握在一起的时候，彼此的内心情感就会迅速地相互传递。

某一年的圣诞节前夕，在一家珠宝店快要关门的时候，从外面进来了一位三十多岁的男人。此人身着一套皱巴巴的西装，领带也没有怎么打理。他在珠宝店里到处转悠，一副心神不宁的样子。终于，他将目光锁定在了一条镶有七颗钻石的手链上，他要求店员把手链拿给他看一看。店员是个姑娘，她稍微犹豫了一下，还是拿出了那条手链，递给他。

在将手链放在手中观看了一会儿后，男人把手链还给了那位店员，然后急匆匆地往外走。姑娘小心翼翼地将手链放回原处。突然，她看见手链上的钻石少了一颗。她快走了几步，在珠宝店的门口追上了那个男人，她伸出右手，微笑着对他说："先生，祝您圣诞快乐！"

男子稍微停顿了一下，也伸出了右手，握住了她的手，笑着说："谢谢！也祝你圣诞快乐！"说完，他转身跑开了。姑娘感觉右手掌心多了个硬硬的小东西，定睛一看，原来是那颗丢失的钻石。

故事并不是到这里就结束了。十年后的一个圣诞节前夕，还是在这家珠宝店里，一位四十多岁的富商紧紧握住了珠宝店女老板的手："谢谢您，是您给了我自尊，给了我生存的智慧！"

眼前的这个富商，正是十年前的那个男人。而珠宝店女老板，正是当年的那个店员。

现在，我们应该明白，面对一个陌生人，当我们热情地握住他的手的时候，我们和他之间的交往旅程就开始了。

握手，看起来十分简单，但也有一些礼节是需要注意的。

▲ 要注意握手的姿势

与人握手时，上身应稍稍往前倾，伸出右手，双足距离对方约一步之遥，四指并拢，拇指张开。另外，离对方太远或太近都是极其不雅观的，特别注意不要将对方的手往自己的方向拉，这很容易引起对方的误解。

假若主动伸出双手去握别人伸出的手，就是热情与恭敬的表现。握手时最好上下摆动几下，但不能左摇右晃。

▲ 握手时间不宜过长

如果是初次与人见面，握手的时间不要太长，以三秒钟为宜。切忌握住人的手久久不松开，以免让对方感觉尴尬。

▲ 握手的力度要适当

握手时的力度一定要适当，可握得稍紧些，以示对人的热情，但不可太过用力。一般来说，男士握女士的手应轻一些。

礼仪点睛

在一切交际场合中，适用范围最广泛、最常使用的见面致意礼节就是握手。它的含义包括亲近、致意、寒暄、友好、道别、感谢、慰问、祝贺等。人们往往可以从握手中感觉出一个人的意向和情绪，也能推断出一个人的性格。在很多情况下，握手比语言更充满感情。

行为举止彬彬有礼，每个人才会喜欢你

举止反映着一个人的修养，一个人举止得体，就能展示自己的风采，赢得对方的好感。得体的举止，能为我们的形象加分。

假若一个人站立时双手放在身后或交叉在胸前，就会给人一副傲慢无礼的印象。坐着时，跷着二郎腿，用手托下巴、掏耳朵、挖鼻孔、身体前倾后仰、左摇右晃等，则给人一种坐立不安的感觉。

一个人的行为举止是他展示给别人最好的名片。尤其是与人初次见面时，自己的一举一动都会被对方细心观察到。所以，我们平时的举手投足都

要留意，尽量给人留下一个落落大方、彬彬有礼的好印象，这是让陌生人接纳我们的重要基础。

我们可以看到，人际关系广的人总是重视自己的外在形象，不放弃每一次展示自我的机会。

鲍勃是一个行为举止彬彬有礼的人，因此，到处受到人们的欢迎。有一次，当鲍勃和其他人到宾馆去吃午饭的时候，在走廊遇到了推着餐车的女服务员。那些人对这个服务员视而不见，纷纷绕过餐车走了过去，而这位女服务员也没有任何不满的表示，仍旧推着餐车向前走。这时，鲍勃却向她走了过去，微笑着对她说了声："嗨，你好，我是鲍勃，请问你叫什么名字呢？很高兴认识你。"说着，还把手伸了过去。

很显然，这位女服务员没有料到鲍勃会跟她打招呼，她很惊讶。随即，她意识到鲍勃是在跟自己说话，于是，脸上绽开了灿烂的微笑，双手紧紧地握住了鲍勃伸过去的手，并愉快地回答了鲍勃的提问。

当鲍勃他们吃完饭再出来的时候，马上有不少人围了上去，纷纷向鲍勃问候，走廊里顿时充满了欢乐祥和的气氛。不用问，一定是那个女服务员把自己的经历向伙伴们说了，所以才会有那么多人问候鲍勃。

上述事例讲的是一个成功人士在与陌生人交谈时平易近人的举止行为。鲍勃善于营造舒适、自然、轻松的氛围，从而使自己获得了良好的人际关系。

得当的举止行为是一种修养，更是一笔无形的财富。从某种程度上来说，人们的行为举止也是一种无声的语言，它有时比有声的语言更具说服力。

培根曾说过："举止自然才显得高贵。假如表面上过于做作，那就丢失了应有的价值。"很早以前，古人就对行为举止提出了要求。随着人类文明程度的提高，人们对自身行为的认识也在不断地加深。温文儒雅、镇定从容、彬彬有礼已成为现代人的一种文明标志。

礼仪点睛

举止反映着一个人的内心，一个人举止得体就能展示自己的风采，赢得对方的好感。有时，一个细小的举动就能成就一次交谈；有时，一个细小的举动也能毁掉一次交谈。有了基本礼仪，做好细节，再加上得体的举止，就能为我们的形象加分。

聊天就要让双方都感到舒服

语言是一门艺术，意思相同的话，有时候转变一种说法，就会有不同的效果，有的说法可能让人觉得亲切，易于接受；有的说法则让人觉得生硬，因而不为所动。

张航是一个保险销售员，他经常要拜访陌生的客户，下面是他和客户的一段对话。

“您好！我是阳光保险的张航。”

“哦。阳光保险公司，你们公司的推销员昨天才来过。我最讨厌保险了，所以他昨天被我拒绝啦。”

“是吗？不过，我总比昨天那位同事英俊潇洒吧！”

“什么，昨天那个仁兄啊，长得高高的，哈哈，比你好看多了。”

“矮个儿没坏人，再说辣椒是越小越辣的啊。俗话不也说‘人越矮，俏姑娘越爱’吗？这句话可不是我发明的啊。”

“哈哈，你这个人真有意思。”

在销售工作中，销售人员要想拥有良好的业绩，一副好口才是必不可少的。范例中的销售员虽然遭到了客户的重重打击，却依然笑容可掬，并幽默地回应了客户的打击，给客户留下了很好的印象。当然，在销售行业中，好口才不是夸夸其谈，说得天花乱坠，而是能够说到客户的心里，能够吸引客户的注意力，刺激其购买欲望。

在销售过程中，尽管销售人员都希望自己能完成交易，可并不是每个人都能做到这一点，其中很大一部分原因就在于口才。相同的情境，采用不同的表述方式往往能够产生截然不同的效果。在说服客户的过程中，实现成交固然是所有销售员的谈判目标，可是如果你说话的方式不够妥当，就往往会事与愿违。说服客户的过程既是销售员与客户实现双赢合作的机会，又是处处充满了勇气与智慧的较量，在这个过程中能否说出让客户和自己都舒服的话往往直接决定着销售的成败。只是反复强调一种商品的优点，未必能发挥太大的作用，而详细、生动、准确的描述，才是引导客户购买商品的关键。下面有两种说法。

“这种传真机外形也好，速度也快，现在已经达到十二秒了，您买了绝对不会后悔。”

“使用这种传真机，每传送一张，在市内可以节省××元的费用，在市外则可以节省××元。”

第一种说法固然没错，也提到了商品的好处，但是泛泛而谈，而最后一句话有点强迫的意味，容易让客户反感。第二种说法用实实在在的数据说明了产品的具体优点，更让人信服。

可见，**要想做一名优秀的销售员，必须拥有一副好口才，采取让双方都感到舒服的说话方式。**只有这样，才能打开与客户沟通的大门，彼此产生共鸣，在融洽的谈话中实现成交。那么，销售员在说话的时候，应该注意什么呢？

▲ 说话要简洁

简洁明了地说话，是每一个销售人员必须学会的，也是对一个销售人员的基本要求。专业术语冗长、滔滔不绝、口若悬河都会使客户产生反感。所以，在沟通时，销售员应该尽可能用较短的时间，简单明了、干净利落地把比较重要的信息传达给客户，要会根据需要将产品的有效信息用最简洁的话表达出来，放慢语速，甚至停顿，有效地牵住客户的思维。

▲ 语言要生动

语言的魅力是无穷的，语言本身就是艺术，如何说能让客户接受并喜欢的话，是销售人员必须学会的。这样，才能发现客户的需求，刺激客户的购买欲望并说服其购买。能够打动客户的语言一般包括如下特征：活泼新颖、容易勾勒出产品相关信息；易于使人产生愉快的联想并容易被记住；易于使人觉得舒服和可信，容易被说服。

▲ 别忘了幽默

无疑，爽朗和幽默的人很容易打开别人的心扉，能交到更多的朋友。对于客户来说，销售员完全是陌生人，如果销售人员能主动敞开心扉，谈吐风趣的话，便能很容易打开销售局面，进而展开销售工作。范例中的销售员就是采取这样的方法给客户留下了好印象。

▲ 多谈平常事

很多时候，让一些销售员奇怪的是，为什么自己在脑子里苦苦地搜索，找了一些怪诞的奇闻、惊心动魄的事件来与客户交流，客户却并不是很感兴趣呢？是的，每个人都爱听奇闻逸事，却更加愿意和朋友们谈一些有关日常生活的普通话题。

在交谈中，你可以问及客户的职业、家人及宠物，只要客户认为你是有诚意的，他必然乐于与你交谈。聊家常事更容易拉近你与客户间的距离。

▲ 说话要大方

客户是上帝，但客户与你在人格上是平等的，我们要不卑不亢地与客户交谈，你要记住，你的目的是达成销售。因此，在说话时凝视对方的眼睛，大大方方，才能展现出你的内在风采。如果你在与客户交谈时不能平视对方的眼睛，视线太低难免被人轻视，视线太高又显得过于傲慢。

礼仪点睛

在与不同的客户谈话时，你都应当认真地选用让双方都舒服的说话方式进行表达。另外，投其所好能够引起对方与你交谈的意愿。善于交际、能言善道的人，往往在与对方接触的前三十秒，就能找到双方都感兴趣的话题，引发彼此交谈的兴致，尽快与对方建立起友好的关系，从而顺利展开交易。

交谈过程中，莫要轻易打断对方说话

与客户交谈时，要想让别人喜欢我们、接纳我们，我们就必须改掉随便打断别人说话的习惯。在与人交谈的过程中，如果有必要表明我们的意见，一定要等到对方把话说完。

某民营企业的老板正与一个客户在洽谈生意，这时，老板的一位朋友推门而入，同时说道："哇，我刚才看到了这样一件事……"接着就滔滔不绝地讲了起来。老板示意他不要说了，他却仍自顾自地在那儿说个不停。于是客户就对老板说："你先跟你的朋友聊，我们改天再谈吧。"客户说完就走了。就是因为这位朋友的插话，老板损失了很大的一笔生意，为此，老板对他那位朋友十分恼火。

在交流的过程中，随便打断别人的谈话或中途插话，都是对他人极其不尊重的表现。那些不懂交际礼仪的人总是在别人兴致勃勃地谈论某件事情的时候，冷不丁儿地插话进来，让别人猝不及防，这种做法是极不礼貌的。

英国哲学家培根曾说过："打断别人、乱插话的人，甚至比发言冗长者更令人生厌。"打断别人说话是一种非常无礼的行为。**我们每个人都会有情不自禁地想表达自己想法的时候，但假若不去了解别人的感受，不分场合与时机就去贸然插话或抢别人的话头，这样往往会扰乱他人的思路，引起对方的不快，有时甚至会产生不必要的误会。**

比如，在某个大型的宴会上，我们时常可以看到某个朋友和另外一个不认识的人聊得热火朝天，此时，我们可能会产生参与进去的想法。但我们往往不知道他们正在谈论的话题是什么，如果贸然加入，肯定会打断他们之间的谈话，从而引起他们的不悦。如果此时他们正在进行着一项重大的商业谈判，却由于你的加入使他们中的某一方与这笔交易失之交臂；或者如果他们正在热烈讨论、苦苦寻求解决一个难题的方法，正当这个关键时刻，因为你的插话，导致他们想不出有利的解决办法，那么情况就会更糟糕，这时场面肯定会变得极为尴尬，对方一定会觉得你特别没有礼貌，进而对你心生反感。

我们每个人对任何事情都有自己的看法，这无可厚非。然而即使对方的意见我们并不认同，我们也不要随便打断别人的思路，应该等对方说完，再表达自己。

许多富翁、权贵和名人经常光顾斯帕克斯餐厅，因为它是纽约的一家知名餐厅。

一天晚上，一位名叫大卫·伯依斯的律师来到了这里，他刚代表美国司法部就控告某家大型企业违犯反托拉斯法案作过精彩的辩论，在业界很有影响力。伯依斯径直走向了一位叫凯文的人所在的餐桌前，他和凯文因为以前的案子有过几次接触。

此时，凯文正和朋友汤姆坐在一起。伯依斯加入了凯文和汤姆的行列，三个人一起喝酒聊天。过了一会儿，凯文站起身来，到外面去接一个电话。餐桌前只剩下伯依斯和汤姆两个人，他们以前从未见过面，彼此都十分陌生，但伯依斯并没有离开，而是和汤姆足足聊了半小时。

汤姆后来对凯文说："伯依斯先生真的是大家风范。他是业界响当当的大牌律师，而且他和我素昧平生，根本不需要陪我聊那么长的时间。说实在的，我并不是为他过人的智慧、犀利的言辞所折服，他给我印象最深的就是他每问完一个问题，都在耐心地等待我的回答。他不只是在听，他还使我觉得，整个餐厅似乎只有我一个人在说话。"

如果在汤姆与伯依斯交谈的时候，伯依斯时不时地打断汤姆的谈话，想必汤姆不会对伯依斯有如此高的评价了。

在现代这个竞争异常激烈的社会，我们要想拥有一个良好的人际关系，就必须做到以下几点。

（1）不可用不相关的话题打断别人说话。

（2）不可用无意义的评论扰乱别人说话。

（3）不可抢别人的话头。

（4）不可为争论微不足道的事情而打断别人的话题。

我们可能会遇到这样的问题，即对方与我们说话的时间明显拖得太长，他的话不再吸引我们的注意力，甚至让我们有昏昏欲睡的感觉，这个时候，我们就不得不中断对方的话了。但是，我们应考虑如何结束交谈比较好，我们要照顾对方的感受，选择合适的语言礼貌地向对方提出来，避免给对方留下无礼的印象。

礼仪点睛

每个人说话的时候都不希望别人打断他，这会让他很恼火。所以，当你和客户在商谈时，你打断了客户的话，这个商谈的结果也就可想而知。对任何人来说，打断说话都是非常不礼貌的行为，哪怕他说的都是废话。而对于一个不懂礼的人，谁会愿意和他合作呢？

寻找共同点，拉近彼此的距离

在拜访客户聊天中，人们往往存在着这样一种心理，即对于与自己有相同之处的人，人们更乐于接近。寻找并利用与对方的共同之处是拉近彼此距离的捷径，也是最有效的方式。因为这些共同之处使我们与对方有了共同话题、共同语言，因此他就会更信赖你，更愿意亲近你。

共同之处可以帮你更容易了解对方，比别人更亲近对方。因为共同之处，对方很可能会和你成为无话不谈的朋友，这样你就会和对方有更深的交流和沟通，你们之间的距离就会慢慢地因共同之处而拉近。

杨莉是一个建筑公司的老板。最近，杨莉的公司打算参加市里的一个工程项目招标会。

通过关系，杨莉打听到负责这个项目的是市里的王局长。于是，她一次次地去办公室找王局长，然而每一次都吃了闭门羹。她很不甘心。

杨莉是信佛的，有一次去寺里上香，正好看到王局长也去寺里拜佛，并且和寺里的师父关系很熟，才知道王局长也是佛门弟子。

一次，杨莉得知刘老板把王局长请出来了，正在赶往锦江饭店的路上，便带着助理以最快的速度去了锦江饭店。

在饭店的大堂，杨莉佯装也是来吃饭的，制造了与王局长、刘老板的偶遇。杨莉谎称没有订到位子，希望能与王局长及刘老板共进午餐，他们没有拒绝杨莉的请求。

在餐桌上，刘老板点了很多荤菜，王局长迟迟没有动筷子。这时杨莉就开始说："刘老板真是盛情，可是王局长和我都是信佛的，初一、十五是要吃斋的，今天是十五，真是不能破戒呀。"

王局长当时很惊喜，忙问："杨老板也是信佛的？真是缘分呀。"

杨莉很聪明地把手腕上的佛珠露出来，接着说："家母是信佛的，受她的影响，我也是佛门弟子。"

但是，菜已经上了，饭店不允许无故退菜。杨莉机灵地说："王局长，我知道有一家素食斋不错，我在那订了位子还没取消，要不跟我一起去吧。"

信佛的人通常都很喜欢去素食斋这样的地方吃饭，王局长当然也很乐意前往，便欣然答应了。

最后，杨莉和王局长在素食斋因为共同之处谈得很投机，关系也拉近了许多，以后杨莉的邀请，王局长都没有拒绝过。最终杨莉的公司在工程竞标中夺了标。

因为杨莉发现了自己与王局长的共同之处，并加以利用，得到了王局长的信赖，从而达到了自己的目的。

在与人交往的时候，也许你礼也到了，情也到了，但就是达不到你想要的目的。而且，比你礼重情谊深的竞争对手还有很多。

事实上，当你使用了“寻找共同之处”的交往技巧之后，你会很容易与对方拉近距离，得到对方的信赖，这种技巧会使你在交往中得到意想不到的收效。

对方一旦看到你与他的共同之处，他就会很愿意跟你交流与相处，给你与他交往的机会，你可能会在很短的时间内就能成为他的朋友。

要让对方意识到你与其的共同点是自然的、是巧合的，最好不要牵强。你们之间就共同点之间的探讨应是有价值、有深度的，让对方看到你深厚的内涵与底蕴。在你们的共同之处上，用你独特的魅力和风格深深地吸引他。

找到你与对方的共同之处是交往中首先要做到的，你可以通过向对方周围的人打听对方的兴趣爱好，提前研究对方的喜好。

如果自己与对方有共同之处更好，如果没有就需要培养。等待机会，然后通过共同之处取得客户的信任与好感。

宁欣是一位售楼小姐，偶然的机会她结识了一位潜在的客户，这位客户对小型别墅很感兴趣。宁欣意识到这位客户很有钱，而且品位极高。虽然宁欣极力地向客户推荐，又留了名片给他，可是这位客户一直没有回复。

经过多方打听，宁欣得知这个客户酷爱网球，宁欣就了解了一些网球的知识，并报了网球速成班。当宁欣学得差不多的时候，给那位客户打电话告诉他“无意间发现一家环境特别好的网球场”，还透露自己的网球打得不错。

当时并没有什么效果。后来的一个周末，客户打来电话约宁欣去打网球，因为他的球友出国了，就想起了宁欣。最终在一段时间的打网球交往中，客户主动跟宁欣签下了购买合同。

此外，你也可以多留心对方生活和工作中的一些习惯，注意聆听对方的语言，或者分析对方的性格特点，从中寻找你与他的共同之处。

你可以通过观察对方的打扮、表情、行为举止，以判断他的生活状态、精神层面、兴趣喜好。你也可以跟他探讨一些问题，比如探讨他的品位，探讨他的人生。从精细的观察、探讨中，你就会寻找到你们的共同之处。

除了探讨品位或人生之类的话题，也可以聊一些日常生活的知识，在这方面可能更容易找到共同之处。你还可以和对方一起参加活动，户外远足，这样通过聊天、相互的接触也能找到共同点。

共同之处，可以使你与对方拉近距离，虽不保证你的目的会真正地达到，但一定会增加许多成功的机会。

礼仪点睛

因为共同之处，你们在交流中会产生情感上的共鸣，这种共鸣是很深入人心的，那么你们之间这种朋友的关系就会更近一步，甚至对方会把你视为知己。知己之间，如果有事相求，他必然会放在心上，尽心尽力地帮助你。或许，你不曾与对方有共同之处，所谓的共同之处是你制造出来的，这样看起来有着欺骗的性质在里面，其实不然。

当对方把你看成“自己人”的时候，为了这份情感，你应该培养自己与他的真正的共同之处，这样才不会枉费别人对你的信任和亲近。

适时告辞，别等着对方下逐客令

在日常商务活动中，当我们拜访客户时，一般情况下都会事先约定好拜访的时间，这就需要我们在拜访的过程中有一个时间观念，告辞时要做到适时、礼貌，不做久留之客。**可是很多人在拜访时，由于来了兴致，一直说个不停，从而给对方造成了许多麻烦。**所以，当我们与客户谈完该谈的事情后，最好是立即起身告辞，不要惹客户反感。

刘瑞辰是一名业务员。有一次，他去拜访一位客户，这位客户有很明显的购买倾向，因此刘瑞辰对这位客户也充满了信心。在去之前，刘瑞辰给这位客户打了一个电话，客户告诉他，自己只有二十分钟的接待时间。

来到客户的办公室后，刘瑞辰便开始兴致勃勃地向客户介绍产品，而客户也对其产品表现出了极大的兴趣，并不时地提出一些观点。刘瑞辰越说越兴奋，结果忘记了和客户承诺的二十分钟。这时候客户已经开始在看表，但刘瑞辰没有留意，当刘瑞辰的介绍告一段落时，客户及时打断了他，说道：“外边还有一位客人在等着我，我们下次再谈吧。”

这时候刘瑞辰才意识到自己的一番“高论”超出了预计的时间，耽搁了客户的事情，他连忙告辞。但在这以后，客户对他的热情明显降低，对产品也不再上心。刘瑞辰经过多方打听，才知道自己上次耽误了客户的生意，客户难免会生气。

生活中，这样的事情并不少见。有时候，其实我们已经成功了，但因为没有领会客户的意思，还在喋喋不休地跟客户谈论，没有去考虑客户的时间，结果错失了很多机会。所以说，在拜访他人时，一定要事先想好此次拜访的目的、准备谈些什么内容，以免浪费双方的时间和精力。

一般情况下，如果彼此之间没有什么要事商谈，那么在客户那里不要逗留太长的时间，以不超过三十分钟为宜。特别是在客户的家中，无谓地消磨时光是不礼貌的，也是令人讨厌的举动。

所以，在告辞的时候，有以下几点礼仪一定要注意。

▲ 要把握好告辞的时机

当与客户说话不投机；当你说话时客户反应冷淡，甚至不愿搭理你时；虽然客户表面上看上去挺认真，却不停地在看表时；快到休息或就餐时；当客户站起身，或是对你们的谈话做了总结，并说以后可以继续交流时；有其他人来拜访时：当出现以上几类情况时，你应该及时、知趣地告辞。当提出告辞时，往往被拜访者会说上几句再坐坐之类的客套话，其实那只是纯粹的礼节性客套，所以如果对方不是很肯切地挽留，就应毫不犹豫地起身告辞。

▲ 要按时、适时告退

如果双方约定了时间，当时间到了之后就应该按时走；如果没有约定时间，应该至多待半小时就要离开。当客人有急事，如有人打电话通知他开会或是家里临时来客等，应该在此时及时告辞，即便对方挽留你，也不要让对方耽误行程。

▲ 告辞时应该向对方道别

去拜访客户时，我们不但要在见面时问候对方，临走时也要向对方致意，握手告别。而且应该在告别前对客户的友好热情给予适当的肯定，并说一些“打扰了”“给您添麻烦了”之类的话语。如果有必要，还可以说一些诸如“与您谈话真是一种享受”“这段时间过得太快了”等。起身告退时，如果还有其他的客人在场，即便你与这些客人不熟悉，也要遵守“前客让后客”的原则，向他们礼貌地打招呼。

▲ 要说走就走

当辞行时，很多人做得一点也不果断，告别许久了，人却没有离开。这样做很不合适，所以如果你告辞时，要说走就走，绝对不要流连忘返，否则就会给人一种“屁股沉”的印象。

▲ 要表示感谢

在拜访结束时，要向客户表示自己真挚的感谢，因为你占用了别人的时间，如果你不这样做，就是失礼的行为。当对方为你送行时，在对方送上几步时，就可以说些“请留步”之类的客套话，这时候可以主动跟客户握手，以示告别。

礼仪点睛

久留之客是不会受到他人欢迎的，因此，在拜访的时候一定要注意这个礼节性的问题。该寒暄时寒暄、该谈话时谈话，当谈话结束时，做到该告辞时告辞，这样，我们才能在客户心中留下一个好印象。

第九章

“礼”到渠成，小小的包裹里藏着大智慧

◎ 送礼，就要送到对方的心坎里

◎ 送礼，有时送的就是一份心意

◎ 礼虽是好东西，但送礼不能不分时间和场合

◎ 伴手礼，并不是一项简单的任务

◎ 高楼不是一天建成，用礼物巩固和同事的关系

◎ 送礼给客户，不要错过任何一个恰当的时机

送礼，就要送到对方的心坎里

自古以来，中国人一向推崇礼尚往来，《礼记·曲礼上》写道：“往而不来，非礼也；来而不往，亦非礼也。”圣贤所说的“礼尚往来”，很浅显的道理：你给别人搭礼，那么轮到自己，别人也会给你来捧场。可以说，礼尚往来已经成为人们社会活动中不可缺少的交往内容。

可是，当我们送礼时，送什么礼物才合适呢？礼物是越贵越好吗？其实不然，有时礼物太过贵重，对方反而不敢接受。因此，送礼不是越贵越好，而是要投其所好，送对方最喜欢的才对。如果你不懂得送礼的技巧，那么在送礼时难免会费力不讨好。

李晓辉在每年的第一件事就是给自己的上司拜年，这已经成为他每年的必做之事。刚工作的时候，他曾经就因为不懂得送礼的技巧而吃亏。

当时，李晓辉刚刚参加工作，恰逢过年，便拎着大包小包给上司送礼。在春节前一个月他就开始考虑给领导拜年时带什么礼物，但结果钱花了不少，却很少有领导喜欢的或者是用得着的。

有一年微波炉刚流行，李晓辉一咬牙给上司买了一台，结果到上司家一看，人家家里早有了，而且牌子也比他买的好。尽管上司脸上对他笑呵呵的，李晓辉却感到特别尴尬。但更让他尴尬的是在第二年。这次他给上司的儿子买了一个随身听，几乎花了自己一个月的工资，但送过去的时候，人家瞄了瞄，嘀咕着说随身听自己已经有三台了，再说如今流行的是CD机……两次的失败让李晓辉大为痛心，自己既花了钱又没讨到什么好。

如今他跳槽到了一家新公司，凭实力和经验终于当上了主任，也有人向他送礼了。他这才发现送礼的颇费心思，收礼的也颇感麻烦。下属来拜年不能不接待，带来的礼物也不能不收，但家里可以说样样俱全，比如保健品、营养品等，这些东西真的是用不上，尤其是那些有保质期的，往往囤积在家里是个负担，最后的结果只能是过期或转送别人。

因此李晓辉总是跟自己的下属们说过年送礼一律不接待，告诉他们最好礼物就是尽心尽力工作，多出成绩。而他对现在的上司，只是在大年初一那天让快递送一束鲜花过去，他的上司对他的这种问候方式也深表认同。

可见，送礼同样也是一门学问。礼物太轻，意义不大，很容易让人误解为瞧不起他，尤其是对那些关系不算亲密的人，更是如此。另外，如果礼太轻而想求别人办的事难度较大，成功的可能性几乎为零。

但是，礼物太贵重，又会使接受礼物的人有受贿之嫌，会使受礼者不安，特别是对上级、同事更应注意。除了某些爱占便宜又胆子特大的人之外，一般人很可能婉言谢绝，或即使收下，也会付钱，要不之后也必定设法还礼，这样岂不是强迫人家消费吗？如果对方拒收，你钱已花出，留着无用，便会生出许多烦恼，就像人们常说的："花钱找罪受。"**因此，礼物的轻重选择以使对方能够愉快接受为尺度，要抓住对方的需求，不送贵的，只送对的。**

宋晨在公司已经两年了，他发展得不错，受上司恩惠颇多，一直想找个机会向领导表示一下。一天，他偶然发现上司红木镜框中镶的字画给人的感觉是一幅拓片，跟家里雅致的陈设不太协调。正好，他一个朋友的父亲是全国比较有名的书法家，他手里正好有一幅上次春节向这位书法家讨要的作品。宋晨马上把字画拿来，主动放到镜框里，上司十分喜爱，送礼的目的终于达到了，他的礼算是送到领导的心里去了。

在给上司送礼时，一定要注意方式，不讲究方式的送礼，上司不仅不会接受，而且还会对你这个人产生其他不好的看法。比如，我们可以认真了解对方，包括他的家庭背景、家庭成员、职业履历、业余爱好，然后恰如其分地选择一份不是很贵，但是对方正需要的礼物。打个比方来说，如果对方的宝宝刚满月，就送一张带音乐的漂亮的玩具毯，这肯定会让对方喜欢。

需要谨记的是：在选择礼物的时候最忌讳的是给每个人都送同一种礼物，如果让对方知道的话，会觉得你是在打发他们，没有诚意。所以，选礼物一定要根据对方不同的兴趣、性格、品位、需求来定，那些富有特色、能体现心思又不太贵的礼物，才恰到好处。另外，选择礼物一定要分出“级差”，也就是要区别对待。如果给位置高的人和位置低的人送一样的礼物，那么位置高的人就会觉得自己没有受到重视。

送礼要送到对方的心坎里，这样才会收到你预期的效果，在不显山不露水的情况下，既完成了你和对方情感上的交流，也为你以后达成心愿铺好道路，可谓一举两得。

礼仪点睛

有礼走遍天下，礼物是一种友情的表示，中国早就有“投之以桃，报之以李”的习俗。送礼作为一种文化现象，它反映出送礼者的文化修养、交际水平、艺术气质以及对受礼人的了解程度和关系远近。在一定意义上讲，送礼也是一门特殊的交际应酬艺术。如何选礼、如何送礼、送什么礼，最能反映出一个人的能力。

送礼，有时送的就是一份心意

有时候，当你苦于不知该如何向对方表达自己的情感时，一份贴心的礼物，往往能传达出比言语表述更丰富的内容。**但有时候，并不是送出了礼就万事大吉，关键的问题是，送礼送的不仅是一份礼物，更是一份自己的心意。**

说起送礼的故事，不能不提“千里送鹅毛”的典故。一根鹅毛能得到唐太宗的重赏，正是因为送礼者的那份“人意”，也就是心意。

有的人送礼物，花费昂贵，却未必能让收礼的人开心；有的人送的礼物虽然价格一般，甚至不值什么钱，却也可以让收礼人心花怒放，这其中的道理，无非你所赠予别人的礼物中是否有你自己的一份心思罢了。

送礼最重要的一点就是要贴心。对特别亲近的人，比如父母兄弟姐妹等，可以直接问对方“想要什么”或者“缺什么”。对于不那么亲近的人，就需要花时间去了解对方的喜好了。例如，可以在聊天的时候，有意识地和对方聊聊相关的话题，试着从聊天中了解对方的心愿、喜好等。如果没有机会和对方当面聊天，你不妨去对方的博客或者微博里瞧瞧，看那些你在意的人最近在做什么、计划将要做什么。比如，前一段时间，当你们单位发了一张某品牌羊绒衫的购物券，而你已经有好几件羊绒衫了，不准备买。一天，看朋友的朋友圈，发现她准备年前给哥哥买一件羊绒衫，你就可以立刻把手里的那张购物券送给这位。看着你送过来的购物券，朋友一定欣喜若狂，连夸你是“及时雨”啊！再比如，闺密聚会，你的一个朋友无意中说要在新年里换个新发型，你就可以选择一个不错的发型工作室，送给她一张剪发卡，相信你这位朋友也一定会欣喜万分，这张卡简直就是天上掉下来的馅饼，她自然会十分开心！相信如此贴心的礼物，谁收到都会喜欢的。

总之，无论是回家探望父母，还是节日期间走访亲朋，一份合适又贴心的礼物都是我们表达情感的最佳方式，也是一份真心的祝福。最后，送礼时，千万别忘撕掉价签。无论你的礼物价值一元还是一万元，都要先撕掉价签。送一份明码标价的礼物，好像在提醒对方：我的这份礼可是花了多少多少钱！你在期待回赠，还是想做一笔等价交换的生意？所以，撕掉价格标签，才能让对方毫无压力地接受你的礼物，这也表明你送礼真的很用心。

礼仪点睛

有时人们觉得送礼只要选一份贵的礼物就好，其实不然，送礼关键在于送礼人的心意，只有你用心选择，这份礼物才看起来显得贵重。如果送礼者敷衍了事，那不管多贵重的礼物，看起来都会没有分量。

礼虽是好东西，但送礼不能不分时间和场合

礼虽然是好东西，但并非任何情况下给人送礼对方都能接受。生活中常常发生这样的事情，有些人到对方家中拜访时，直到要离开了，才想起该送的礼物，在门口拿出礼物时，主人却因为谦逊、客套而不肯接受，此时在门口拖拖拉拉的动作颇为狼狈；有的因为对方家中有客人，而让送礼成为一件很尴尬的事情；也有的将本该送到家里的礼物送到对方办公场所，而让受礼人受到别人非议。总之，送礼有学问，一定要注意时机，分清场合。

对于任何人来说，能收到礼物总是令人高兴的，但如果经常接受他人无故赠送的物品，则会产生心理上的负担，所谓“无功不受禄”就是这个道理。

解除受礼者的这种心理负担是很重要的。在接受礼品的同时，受礼者需要一个正当的理由，而且还需要一个适合的环境，否则，在不适合的地点接受的不适合的礼，就可能收得不安心、不踏实。

于送礼者而言，对送礼的时机和场合都应该有所考虑，毫无理由的馈赠绝非多多益善。**老祖先创造了“礼节”一词，恐怕也正是暗示“送礼要节制”，而不是没道理地送，不分场合地送。**

张子瑞在一家国企上班两年多了，业绩一般，也没有什么特长，属于默默无闻的那类。眼看春节快到了，一天晚上吃饭的时候，妈妈提醒他：“应该给你们单位的领导送点儿礼了，这两年来，他们对你挺好的。”晚饭后，他和妈妈一起到商场里买好了东西，燕窝、西洋参、红酒……

领导的家住在哪里，张子瑞不知道，也不知道向谁去打听。第二天早上，张子瑞早早带着礼物来到单位。停好车，打开后备厢，张子瑞开始发怵了，这些礼物要不要拎到办公室去？想了很久，他决定，趁现在时间还早，赶紧把礼物拎到领导的位置上。

当张子瑞像做贼似的拎着礼物来到领导的办公室，没想到领导已经在那里了。更难堪的是，还有另一个人正在跟他谈事情。张子瑞结结巴巴说明来意后，领导尴尬地把自己的车钥匙交给他，示意他将这些东西放到车里。

张子瑞恨不得找个地缝钻下去，万分后悔自己没有事先探明情况。正郁闷间，他找到了领导的车，打开后备厢将东西放进去，转身离开时，和另一名同事撞了个正着，张子瑞的脸唰地一下红了。

由此可见，送礼的时间和地点的选择也是有技巧的。作为公关高手，或者是一名优秀的业务员，必备素质之一就是会送礼。那么我们怎么送呢？关键就在于送礼时机的把握。

比如说，只有过年过节才送，平时一点儿不送，这也是不行的。因为过年过节送礼的人很多，你送的东西很可能就湮没在成堆的礼物里面，对方根本注意不到你，也就谈不上对你有特殊印象了，送礼的作用就大打折扣。

送礼的时机往往在于自己的把握，如果用心，你就发现很多送礼的时机。也许是某个朋友的生日，也许是纪念日，也许他今天刚受到提拔，对于他们而言，都不是一个平凡的日子。也就是说送礼可以利用特殊的时机，这是不可多得的送礼的好理由。

▲ 利用生日

平时，你就应该做一个有心人，把一些重要人物的生日记下来。并在家里的挂历上用红笔画个圈，并标上记号等到他们的生日到来那天，你就可以送上一份特别的礼物，特殊的日子，相信对方也不好意思拒绝。

▲ 利用一些偶发事件

一些事情在不知不觉间偶然发生了，比如对方摔伤了，或者受到提拔。遇到这些事情，你不可能无动于衷，或安慰，或祝贺，礼物是少不了的。

▲ 利用卧病在床的机会

人一旦生病卧床不起，都会变得脆弱烦躁，名声、虚荣也都顾不上了，这时他最需要的是别人来探视他。你要很好地利用这个机会。

▲ 利用婚丧嫁娶

这些当然是送礼的好时机。亲朋好友、上司或下属的孩子有婚嫁之喜、生小孩之喜时，要及时地送去礼金礼物，对于结婚会场、宴客应酬也要尽心帮忙。最好在这样的时刻替他们照相，日后可作为一份礼物送给他，这样会赢得他们的欢迎。听说有人去世了，您应主动慰问死者的家属，举行葬礼时还要去送行。如果实在抽不出时间，可以用电话致意。

另外，送礼的场合也很重要。送礼时最好选择对方在家的时候。为什么这样说呢，因为送礼总是为了达到一定的目的，或者是为了增进友谊，双方面对面地交谈更能加深感情，礼物只是辅助品而已；或者是求人办事，更需要主人在家时向对方表达你的意图。另外切记，送礼的时候，不管礼物丰厚还是俭薄，都应大大方方地拿出来，切忌偷偷摸摸地将礼物放在某个角落。有的人喜欢通过他的家人向他转达你的意思，其实这样不如当面陈述给人印象深刻。因为即使他的家人收下了礼品，但有些事情你还是无法交代清楚的，所以，还是亲自送给受礼人比较好。

要学会送礼，就要选对时间、地点，更要注意场合，这样才能使人接受。送礼的场合是可以随机应变的，有很多人特别喜欢选择在晚上到对方家里，但这未必是最好的拜访时机，晚上很可能对方不在家，送去了礼物却未见到要见的人，真的是很遗憾；有时在家，但又有客人，带着礼物也不能如你所愿。最好的时间就是在他上班还没动身之前，这样既没有旁人的打扰，礼送到了，要办的事就可以办了。

礼仪点睛

送礼的时间和地点关系到我们送礼是成功还是失败，在一个错误的时间和错误的地点送礼只会让对方产生厌烦，如果是求人办事，那么事情自然会办不成。特别是在职场中，当我们在给客户或者上司送礼时，一定要挑选好时间和地点，这样，我们的"礼"才能行之有效。

伴手礼，并不是一项简单的任务

我们常说，有“礼”走遍天下。特别是身在职场的人，无论是单位出差还是利用假期外出游玩，很多人都要寻思这一问题：我要不要给同事和领导带点儿伴手礼，带了伴手礼，又要如何派发才不得罪人呢？这是让人颇为头疼的一件事情。

因为预算有限，所以我们不可能赠送给每一位有关系的人，这时候我们就需要做出选择，是赠送少数几人价钱高的礼物，抑或赠送大伙儿便宜的礼物。送给领导的礼物总得要显得与众不同，但太过贵重了未免会遭人非议；给平时很要好的同事带的礼物自然也要有所区分；尽管办公室里有些同事和自己的关系很一般，可如果给了别人礼物，那么不给他又觉得尴尬，这一系列的问题都让人颇为烦恼。

而且选择什么样的礼物也是一件费脑子的事情，高价精美的物品虽然能够赢得大家的欢心，却对不起自己的钱包；遍地都是的旅游纪念品更没意思；至于那些价廉物美的物品，则既难找又费时间，毕竟我们游玩或者出差的时间有限，还得挤出一部分时间来找礼物，看看这个不合适，看看那个也不喜欢，越找越不确定，到最后难免会随便抓一堆就带回来了。

刘建斌有一次被派到浙江出差，完成任务后，领导很好心地批准他去舟山群岛玩玩。因为当时领导就在办公室，所以同事们都在周围起哄着要“幸运”的刘建斌给大家带礼物回来，要不“不公平”。

可是逛了半天，望着到处令人目不暇接的贝壳工艺品时，刘建斌顿时没了主意：那些贝壳手链，好像只有小朋友才会戴；而贝壳风铃，办公室里那些没童趣的家伙们肯定也没什么兴趣……难道自己要把这难得的一天都花在找礼物上吗?

好不容易，刘建斌终于找到了一个贝雕工艺品，但在回去的路上，却又是把自己一阵折腾。尽管贝雕虽然不是特别易碎，但也不是非常牢固，因此每逢车子一震，刘建斌的心也随之一震。眼看着那放贝雕的盒子跟旁边的行李磕来碰去的，刘建斌实在不放心，只好把它拿下来放在膝盖上。就这样，别人在这一路上睡得舒舒坦坦，刘建斌却抱着贝雕的盒子左右为难。

出差在外，给同事和领导买礼物并不是一项简单的任务。毫无疑问，赠送给大家一份实用的薄礼是一项最理想的选择。需要谨记的是，如果我们带了礼物，那么就要给每个人都带一份，如果不带，那么最好都不要带。因为既然无法赠送全体同事，那么在你购买礼物时，你就应该考虑到未收到者的感受。**尽管礼物只是一个形式上的东西，但比起收到礼物者的高兴，“隔壁的人有礼物，我却没有”，未获得礼物者的不快会更加强烈。**这种负面感受会随着所获礼物愈高价而愈强烈，甚至会在其他同事心中埋下一根导火索，对自己的人际关系产生影响。

因此，当我们花费了巨大的人力把礼物带回来之后，如何去分同样也是一大难题。如果全部一视同仁倒没有关系，但如果你给几个特别要好的带了区别于其他同事的礼物，那么礼物还得藏着掖着，偷偷摸摸地送过去，不然明目张胆地搞起了“小团体”，必将引起办公室其他人的流言。而且，这样也比较容易引起其他人的反感，显示出了你的亲疏关系。如果你送比较要好的人价值高的礼物，送普通的同事一件普通的小礼品，那么难免会造成大家对你的礼物不冷不热，导致费力不讨好。

如果说送给同事的礼物难以区分的话，那么送领导礼物更难。因为领导和同事之间定然有地位上的差别，一样的礼物凸显不出领导的重要地位，但太过精心也难免会让大家误以为你有“溜须拍马”之嫌。当你拿着礼物走进领导办公室的时候，背后不知道有多少双眼睛看似无意、实则有意地盯着你的双手，恨不得自己长出一双能透视的火眼金睛；同样有很多双耳朵齐齐竖起，企图从你和领导的对话中听出一些端倪。一旦引起了大家的误会，那么你在办公室的日子必然不好过。

萧琳最近因为业务需要要去上海出一趟差，这时候她的顶头上司说自己去温州的时候曾经看中了某一品牌的衣服，但没有她的号码，因此让萧琳在上海逛街的时候帮自己顺便看一下，如果有的话就帮自己买一件。

领导的“顺便”也必须要实干，因此萧琳在办完事情后立即开始去找领导要的那件衣服。最后，跑了两个大商场，终于让她找到了。从上海回来后，萧琳赶紧把衣服拎到上司办公室。上司并没有直接给她钱，而是说转账到银行卡里给她。

但谁知就这一帮忙带，被办公室里那些极具八卦精神的“长舌”们找到了发泄的时机。有同事半是嗔怪地对萧琳说：“萧琳你去一趟大上海也不知道给大家带些礼物回来。”萧琳只好赔笑着说，自己去上海又不是什么很远的地方，这时候同事接过话头说：“给领导带份礼物也是应该的……”

话越来越不对味，萧琳这才明白，大家肯定以为自己早上给上司拿的那件衣服是在“进贡”，这让萧琳大为头痛。思索良久，萧琳找了一个大家都在的时间，故意低声打了一个电话。“张经理啊，”话刚出口，办公室立马安静了下来，萧琳继续说道，“早上给你的那个卡号我记错了，买衣服的899元钱，我等下重新发个卡号给你吧……”

当萧琳确认那些爱管闲事的同事们把自己刚才的话一字不漏地听进了耳朵时，

她才放心地挂了电话。她在心里不禁感慨：出差带礼物不是一件容易的事情啊！

尽管出差回来给大家带一点儿礼物能够给我们带来不少积极效应，也是联络办公室感情的良好途径，可是相比它所带来的麻烦而言，那点儿好处大多数时间实在是得不偿失。所以说，对于那些上班族而言，带不带礼物、带回来如何赠送是一项很重要的能力。

尽管大多数人总是无法避免以上司为中心赠送礼物，但对上司而言，部下在出差过程中获得的成果远比任何礼物更为重要。所以在更多的时候，我们不妨将礼物赠送给平时没有出差机会的人。比方说，和这次出差相关，却未被当作计划小组成员的同事们。

而且，对于那些会计、人事、总务等管理部门的人我们也应该送上礼物，特别是那些为你做出差费计算或保险安排的会计人员，更应该好好地表示谢意，因为他们是负责我们出差的"关键"人物。做好打算，我们的礼物才能送到实处，赢得人际关系。

礼仪点睛

伴手礼看起来只是出差或旅游回来后送给同事和领导的小礼物，但在办公室这样一个环境中，每一个礼物都能被不同的人解读成不同的意思。所以，伴手礼的选择和发送也成为办公室哲学中必不可少的学习课程。若是你无法做到让人人都满意，最好的做法还是以无代有，谁都不送，让所有人都没有话说。

高楼不是一天建成的，用礼物巩固和同事的关系

如果你平时待同事不冷不热，有事相求的时候才急急忙忙提着礼物去套近乎。对方嘴上也许不说什么，但心里一定在嘀咕："这会儿用得着我了？平时连个招呼都懒得打。"常言道："平时不烧香，临时抱佛脚，菩萨也不会来帮你。"求同事办事送礼最忌讳的便是临时抱佛脚。

平时，我们相处时间最多的就是同事了，不管是老同事，还是新同事，都要懂得在平时积累人情。例如逢年过节或者对方生日的时候，打上一个电话，送上一份自己的关怀小礼，看似简单的一件事情，却能够让自己在对方的心中留下一个深刻的印象，这样当我们真的有求于别人时，别人才会义不容辞。

某小企业长期承包一些大建筑公司的工程，所以，该企业的董事长宋晓琳经常对这些公司的重要人物拉拢关系，但她的更高明之处在于，她不仅奉承公司要人，对年轻的职员也殷勤款待。

平时，宋晓琳总是想方设法将那些大公司中各员工的各种情况做一个全面的了解。当她发现公司里有个人大有可为，以后会成为该公司的要员时，不管他有多年轻，都尽心款待。因为她明白，十个欠她人情债的人当中，有九个会给她带来意想不到的收益，她现在是在为以后更大的利益做很划算的投资。

所以，当年轻职员小王升为科长时，她就专门找了个时间前去祝贺，并赠送礼物。等小王下班之后，她还盛情邀请小王到高级餐馆用餐。小王从来没有来过这种高档的地方，自然对宋晓琳的招待很感动。小王认为，自己从前从未给过这位董事长任何好处，并且现在也没有掌握重大交易决策权，可见这位董事长是真的爱惜人才，是个好人！

更为高明的是，宋晓琳却说：“我们企业公司能有今日，完全是靠贵公司的帮助，而你作为贵公司优秀的职员，我向你表示谢意是应当的。”她的这番话，又让小王减轻了心理负担。

果然，没过多久，小王凭借自己的实力，登上了这家大公司的经理职位。自然，宋晓琳的小恩小惠就起了作用。在生意竞争十分激烈的时期，许多承包商倒闭的倒闭，而由于小王的大力支持和帮助，宋晓琳公司仍旧生意兴隆。

俗话说得好：“高楼不是一天就能建成的。”很多时候要让自己给对方留下深刻的印象，就一定要懂得给自己“盖楼”。如果你刚进入一个公司，认识了一个新同事，就带了许多礼品给对方，然后提出你要办的事，很明显你是在用这些东西来换取他的帮助。一般情况下他会拒绝你的礼品，就是收下了也不会马上帮你办事。

如果你想让你的人际关系更加牢固和谐，那么日常感情的培养就一定要做足。所谓做足，就是不仅要做，而且要做得充分，让别人觉得你确实是一片真心实意。**人情永远都是联系自己和他人的一根纽带，如果你不能够常常去关怀它，那么它也不会成长起来。**

所以，求同事办事送礼最好的办法就是多注重平常的交往，如果你总是抱着“临时抱佛脚”的想法，那么就很难得到别人的帮助，因为没有谁会愿意帮一个势利的人。

礼仪点睛

不要小看平时点滴的积累，这才是你的财富。那些平时很冷漠、谁有用对谁热情的人，永远也不会获得真正的友谊和帮助。唯有真心对人，唯有时刻想着他人，别人才会感受到你，感受到他在你心中的位置，也才会为你付出，当你困难时，伸出援助之手。

送礼给客户，不要错过任何一个恰当的时机

我们总是习惯于在节日的时候和客户加强联系，送份礼物和祝福。喜庆的节日，原本是一个送礼很好的理由和时机，但由于这时候送礼的太多，尤其是对那些一到节日家里礼品就成堆的客户，他们也就不太在意了。所以，给客户送礼不一定非要选在节日，平日里也能很好地表达你的尊重和礼貌。

著名的销售大师乔·吉拉德之所以能取得如此伟大的成绩，与他长年累月地与客户沟通联系不无关系。乔·吉拉德曾经为了自己的客户定下这样一个规矩：对于那些潜在客户，自己每年都会寄上12封信函，而且每次都会以不同的色彩及形状投递，这样才能让客户在每个月中都能感受到自己的存在。

在第一个月里，他的信函封面是一幅精美的喜庆气氛图案，因为正过新年，所以卡片上也同时标上了“新年快乐！”几个大字，而最下面的只是一个简单的署名：“雪佛兰轿车，乔·吉拉德上。”此外再无多余的话。

二月，信函上写的是：“请你享受快乐的情人节。”下面仍是简短的签名。

然后三月、四月……乔·吉拉德的卡片已经深入每位客户的心中，为此不少客户一到节日，往往便会问：“过节没有人来信？”一年当中的12个月，每位客户的心中都保留了一个乔·吉拉德。后来，只要有客户打算要买汽车的

时候，第一个想到的人一定会是吉拉德，因为他们早已是老朋友了。

一份小礼品，不一定需要多么贵重，但体现了你对客户的情谊，让对方知道你即便在平日里也惦记着他。如果你只是在节日的时候才想起联系客户，平常基本处于忽略和冷淡的程度，就算你在节日里的问候再热情、礼物再贵重，也难以感动客户。

平时积累的感情更加稳固和长久，需要记住，你送的这些小东西不必过于昂贵，以免给对方造成心理负担，使其敬而远之。比如别致的打火机、精美的记事簿、可爱的烟灰缸等，都可以达到很好的效果。

美美是推销饮水机的，她每天中午休息的时候便进入各公司拜访，她每次都会带着看似无意、实则精心准备的小礼物，有时是口香糖，有时是一颗酸梅，一一分送给在场的每个人。吃完饭后，来片口香糖或是一颗酸梅，精神格外清爽。

这种小礼物，的确是人际关系中最好的媒介，将你与准客户之间的围墙逐日清除殆尽。小小的一份礼物能产生莫大的效果。而这种方法之所以能赢得客户的好感，是因为它抓住了人们心中或多或少的占便宜心理。它可以调节客户的思想情绪并为之创造出一个主动进行合作的气氛。

另外，若是你能依据实际情况，抓住对方的心理，再适时地送出自己的小礼物，那样效果会更好。

陈东去拜访一个女客户，当时她正在厨房忙着洗碗，而她的儿子正坐在客厅的地板上大声地哭。

陈东立刻蹲下来，对小家伙说："小朋友不哭啊，看叔叔给你变魔术。"

然后，陈东就变魔术般地拿出了两支棒棒糖，然后他又变出了一个会走路的小鸭子，并趴在地上为孩子演示，孩子破涕为笑，而这一切孩子的妈妈都看在眼里。

很快，这位客户就痛快地和陈东签订了合同，她怎么会拒绝一个愿意和她的小孩一起跪在地上玩耍的人呢？

虽然这些小小的礼物不值多少钱，和那些一掷千金的饭局、一张价格不菲的门票，只能算是小巫见大巫，但正是它们的“小”体现了你的细心和爱心，让客户接受你，同时也接受你的产品。

送礼不一定非要赶在大家都拎着大包小包的礼物你来我往的节日，也不一定需要非常昂贵的价格。你可以选择在任何一个稀松平常的日子里，适时地送上一份也许并不值多少钱，但代表了你的心意的小礼品。

给客户送礼，目的是加深感情，让对方以后多多支持你的工作。所以，永远不要错过任何一个恰当的时机，也不要死板地固守着非要等节日的时候才带着礼物去登门拜访。

礼仪点睛

给客户送礼，没必要非得有多贵，也不用非等到节日时节。客户需要长时间地保持联系。因此，不定时地给客户送些小礼物，让客户感觉到他在你心中的分量，这是比任何礼物都贵重和珍贵的。

第十章 饭局礼仪，一顿饭并非吃吃那么简单

◎ 正式饭局，穿着是餐桌礼仪的必备要求

◎ 不会招呼客人，如何请客吃饭

◎ 请客有“特色”，显得用心又有礼

◎ 酒桌之上，长幼有序是基本礼仪

◎ 不要小瞧了同事之间吃饭的礼仪

◎ 注意自己的吃相，饭局中那些不可不知的礼仪

◎ 斟酒倒茶，一举一落间方显礼仪

◎ 酒桌上交朋友，酒桌下成生意

◎ 有头有尾，利落的结束才是个好饭局

正式饭局，穿着是餐桌礼仪的必备要求

在几千年的餐桌礼仪之中，着装是非常重要的一个环节，因为通过观察一个人的着装，便可以看出其人的口味、内涵、态度。尤其是参加一些比较正式的饭局，诸如婚宴、重要的单位聚餐以及各类商务宴请时，更是对人们的着装有着十分特殊的要求。选择与宴会的形式相符的服装，这也是餐桌礼仪必须具备的要求之一。无论参加什么样的饭局，过于随便或者造作的服装都是不合时宜的。要知道，**大多数饭局不只是为了吃饭而吃饭，而是作为人际交往的平台，更是展现个人修养的平台。**

眼看着公司一年一度的年会即将到来，刚刚大学毕业参加工作的王晴变得紧张起来。因为这一次年会对于她来说是生平第一次，并且她从来都没有参加过任何大型的宴会。于是，王晴找到自己的好友帮着想办法。好友告诉王晴自己参加过的重大宴会多的是，叫王晴不用着急。

好友先将自己参加宴会时的服装全部拿出来，帮助王晴一件又一件地试，最终她们确定王晴参加年会那天穿一件粉红色的露背装。接下来，这位好友又给王晴讲了许多在宴会上需要注意的事情。

到了宴会那天，好友还特意跑来，帮王晴化了很浓的妆，并给王晴喷了

一些自己的名贵香水。在好友的鼓励下，王晴也对自己有了一些信心。

然而，经过好友一番打扮的王晴到了宴会的现场，立即引来了众人的目光。几乎所有人的目光都投向了她，甚至还有一些人开始窃窃私语。这时的王晴才发现自己的穿着是多么另类。宴会场上有许多女同事，她们的穿着都很整洁，大家都穿着职业装，也没有人像她那样化那么浓的妆，只有自己穿着露背装、浓妆艳抹地出现在大家的面前，这时的王晴真想找个地缝钻进去。正当她尴尬万分的时候，部门主管走到王晴面前，并微笑着说让她以后注意，这让王晴更加不安起来。整个宴会下来，王晴都是在不安中度过的，她多么希望宴会早一点结束。

对于女士而言，参加商务宴请时，千万不可穿着随便，应当严格区分职业套装、晚礼服以及休闲服。在参加商务宴请时，应避免穿着无领、无袖、过紧、领口开得太低的衣服。故事中的王晴就是选择了错误的穿着，才导致自己面临十分尴尬的场面。可见，在参加宴会时，只有根据宴会的不同性质，选择适合宴会场合的服装，才能赢得大家的好感。

无论男女，在参加宴会时都必须注重自己的穿着，若是穿着与当时的宴会性质不符，只会让自己尴尬，更不利于在众人面前树立良好的形象。对于男士而言，无论是西装、领带、衬衫、袜子、鞋子、手表，还是手提包等装饰品，都必须遵循一定的原则，而不是根据自己的喜好去选择。对于女性，在参加宴会时，应当比男性更加注重外表的修饰，尤其在非常正式的场合。对于一般性的朋友聚餐、普通的邀请宴会，可以穿着比较柔和的休闲装，抑或比较亮丽浪漫的洋装，再与这些服装搭配适宜的各类手提包，这样才能更好地营造温馨亲切的聚餐氛围。无论男人还是女人，不管天气多么热，都不可当众解开纽扣脱下自己的衣服。对于小型的便宴，在主人同意的情况下，男士才可以脱下自己的外套搭在椅子的靠背上。

不仅服装方面需要参加宴会的男女注意，发型方面也需要注意。男士的头发一定要保持整洁，女士的发型则应梳理整齐、显得高雅。要是长发，必须用发卡夹好，而且在选择发卡的时候，也应当选择款式大方的。再者就是饰品方面，必须与整体的服装相搭配。

对女士而言，要特别注意的还有妆容。参加宴会时，女士应当化妆以显示隆重、重视、有气氛。由于大多数的酒席都选择在晚上举行，因此最好化浓一些的妆。不过，出入正式的商务场合时，女性应以淡妆为宜，切不可浓妆艳抹，也不可以一点妆都不化。总之，在参加各种各样的宴会时，无论服装、饰品、化妆等方面都必须特别注意，一定要做到与宴会的性质相符，这样才能为自己树立良好的形象。

礼仪点睛

在正式的场合，宴会绝对不仅仅是吃饭这么简单。这就是一个交际场所，你的穿着体现了个人的品位，而你对于穿着的看重程度，体现了你对于这个宴会的礼仪。因此，不要想着宴会只是吃饭，它是另一个体现你修养和礼仪的场合。

不会招呼客人，如何请客吃饭

做客的时候，见到主人，你是不是只说“嗨，我来了”，然后就入座闷头吃饭？

请客的时候，见到客人，你是不是只说“嗨，你来了”，然后就张罗对方吃饭？

如果真的是这样的话，那只能说，不论作为客人，还是作为主人，你都失败了！不管是哪种身份，打招呼都是一门必修课。上面这两种打招呼的方式，都是不及格的。与人相见的时候，熟人也好，陌生人也罢，都需要跟对方打招呼，如果对方主动跟自己打招呼，那更要给予积极的回应。要知道，**你对别人的问候，是你在表达自己对对方的尊重和欢迎，是生活礼仪的一种展示；而对方对你的问候，更是在向你主动示好，如果你不回应，是相当失礼而且是不知礼的表现。**除此之外，打招呼还有许多应该注意的事项，一旦缺乏必要的礼仪，就很可能在打招呼这个环节上给别人留下一个不好的印象。

一本餐桌礼仪杂志里有这样一个故事。

小欣今天很高兴，因为她约了很久的一个客户终于答应跟她出来吃饭了。对于销售员来说，只要客户肯坐下来跟自己吃顿饭，那这单生意基本上就成功了80%。只要在餐桌上不出现什么大的失误，可以说这个单子就十拿九稳是自己的了。所以小欣在邀约成功之后，非常高兴地赶往了约定的地点。

小欣很准时地在约定地点见到了那位客户，因为太过激动，小欣一见到对方就冲了上去，几乎是贴着对方说“嗨，你好”。小欣明显地看到对方往后退了一步，拉开了自己跟小欣的距离。同时小欣看到对方微微皱起了眉头，虽然动作很小，但是她依然捕捉到了这一点。她马上意识到自己跟对方打招呼的方式引起了对方的反感，她心底暗叹一声：“不好！”于是她马上道歉，并解释说是因为自己太过激动了。对方的眉头依旧是轻微皱着，并没有太多的反应。但还好，对方没有转身走人，小欣马上请客户入座，开始跟对方攀谈。

尽管小欣很努力地去捕捉对方的兴趣点，但对方一直有些意兴阑珊。就在小欣说得口干舌燥的时候，她突然看见自己的一个好朋友出现在客户的背后。小欣立马高兴地跳起来，挥动双手开始喊好友的名字，看到好友看见自己，却又把目光移向自己的对面时，小欣猛然意识到，自己的客户正坐在自己对面。这个时候，对方的眉头已经是紧紧地皱着了，而且还没等小欣再开口，对方已经先说话表示自己还有点事，生意的事情下次再谈。小欣见到对方一副去意已决的样子，挽留的话霎时也不知道该从何说起，只能悻悻地送对方走出饭店。

其实小欣未必是不知礼仪的，她最大的失误就是太没有把打招呼这样的小细节放在眼里。对于一个人来说，打招呼虽然是个很短暂的过程，但是却能从中看出许多。那到底跟人打招呼的时候应该注意哪些问题呢？

首先，要注意的应该是距离，这一点是许多人会忽略的。小欣就是失误在这一点上。每个人都有自己的安全距离，一旦被人侵入，会顿生反感。所以，一个合适的招呼，是需要一定距离的。但也不是说距离越远越好，如果距离太远，打招呼的时候就不是说话，而是喊话了，这个距离也是不合适的。为了跟一个人打招呼而使全场侧目，或者突然地惊起，都是对他人的一种干扰，这样的招呼，一开始就是一种失礼。

其次，打招呼的方式要根据会见对象而定。陌生人初见之时，打招呼要合乎礼仪，问好和表示自己很高兴结识对方都是必要的。而且与对方的眼神交流也应是短暂而真诚的，切忌目光躲闪或者长时间地盯着对方，这都是会让人产生反感。跟熟人打招呼的时候，可以不用那么拘谨，一句“好久不见”或者稍带寒暄就可以让对方感受到亲切，切忌因为和对方熟识就肆无忌惮地乱说话。而且，熟人如果是长辈，就理应自己先问候对方，而不是等着对方问候自己。同时，男性应该先向女性问候，以显示自己的风度。

最后，不是每次看见熟人都需要很正式地跟对方说“你好”。有些人，比如说同事或者在一个餐厅吃饭的朋友，在短时间内你会多次遇见对方，如果每次见面都要正式地跟对方说“你好”，那不仅会让你自己觉得很麻烦，而且会让对方觉得礼节很烦琐。所以，第一次遇见时正式地打过招呼之后，再次遇见时只要相视微笑点点头或者摆摆手就足够了，对双方来说都是一种方便。

礼仪点睛

见到什么人，用什么方式打招呼，需要动的绝不仅仅是一张嘴，更多时候，你需要动动脑子，分清楚什么样的人需要什么样的问候。不然，你很有可能会步上文故事中小欣的后尘，失去本来应该属于你的机会。

请客有“特色”，显得用心又有礼

邀请客户吃饭与给客户送礼一样，要先摸清客户的品位和档次，然后再根据这些进行安排，如此才能起到事半功倍的效果。如果你档次安排得太高，会在无形中给客户施加压力，让他觉得“吃人家的嘴软”，吃起来肯定不会踏实；如果档次太低，会让他觉得他在你心中跟普通人没什么两样，那接下来的生意就很难坐下来谈。一般销售人员请客户吃饭，应本着这几个原则：舒适、简约，却又不失“特别”。

这里的“特别”，指的就是你选地点、选菜中“画龙点睛”的一笔。何谓“画龙点睛”？闹市之中的幽静之地，大荤大腥之中的一盘清爽利口的豆芽菜，都算是“点睛之笔”。正所谓“柳暗花明又一村”，在客户意想不到的地方，请吃一顿意想不到的可口饭菜，这才是我们请客户吃这顿饭成功的关键。特别之物必有特色之处，特色之处必有流连忘返之人。留住了他的人，自然就留住了这单生意。

与众不同的东西，往往能让人眼前一亮，继而铭记在心，念念不忘。

小李所在的公司附近，最近新开了一家福建客家珍味馆，去吃过的同事都说很不错，而且环境也优雅。小李最近打算请一个客户吃饭，了解到那个客户是福建闽南一带的客家人，所以就想到了这家福建客家珍味馆，为此他还专门去考察了一下，结果发现果然不错，不但环境好，菜的味道也很独特。而且那里还有一个专门的品茶区，吃完饭可以在那里品一杯香茗，非常惬意。于是小李决定在这里请客户吃饭。

由于小李心里一直担心着单子，所以吃饭的时候都没怎么顾得上照顾客户。还好客户对这里的饭菜十分满意，吃完饭大家又去喝茶，客户对这里的茶也是赞不绝口，大赞很香、很地道。小李悬着的一颗心这时才慢慢放下来。

最后签合同的时候，客户没怎么刁难就爽快地签了。小李很高兴，暗想：以前约客户吃的都是日本料理，没想到这次突发奇想了一次，不但花费少了一半，连合同都签得这么顺利，看来约客户一定要找对地方才行啊。

小李的故事告诉我们一个道理：山不在高，有仙则名；水不在深，有龙则灵。有时候一点小特色比那些花费了大心思、大手笔制作出来的更能得到人们的认可和赞许。为什么呢？因为有特色！有自己的东西在里面，有特色的东西往往隐含着一种诚意，让别人一看就觉得很亲切，认为你是个有心的人，是对这件事上了心的，再怎么都不会去刻意刁难你。

其实请客吃饭也是这个道理。客户不是没见过世面的愣头青，他们也吃过山珍海味，也喝过茅台、五粮液，更享受过一些高档餐厅的布局和环境，但他们就是不曾体会那种身在闹市却仿若置身幽林之中的境界，不曾体会独在异乡却似又回到了故土的味道。所以，摸清他们的品位，请出你的“特色”来，让他们感觉到你的诚意和付出，以后的事就好谈了。

礼仪点睛

很多时候我们可以把地点和时间的选择权交给客户，他们说出的地点通常也代表了其所期望的档次，而时间也应是客户方便的时间。但有些时候，客户会把这些问题推还给你，让你来选择，这个时候，就是你个人发挥的时候了。要注意，优雅的环境以及良好的氛围始终是你请客户吃饭的首选。因为这不仅能体现出你的品位，又能体现出你对客户的重视，是最高的一种礼仪。

酒桌之上，长幼有序是基本礼仪

汪曾祺曾经表述，最和谐的父子关系应该是“多年父子成兄弟”，这句话体现的是父慈子孝，双方尽最大的努力去理解和体谅对方，却被今人当成要改变尊敬长辈的佐证。

“长幼有序”这四个字，也许会换来很多人的不屑，甚至会有人说这是封建家长制的余毒，事实不然，尊重长辈这件事放在哪里都不会过时。很多人会用美国年轻人称呼自己父亲的名讳来辩驳，说尊重长辈应该随着社会的变迁而改变。因为在过去的时代，社会变化节奏慢，年轻人一般只是重复上一辈的经验；凡事要向“过来人”请教，所以对长辈当然尊重。如今社会和科技发展日新月异，年轻人不可能重复上一代的经验。相反，要应付未来的挑战，年轻人往往比上一辈掌握更多的技能，如计算机等，长辈常常还得向年轻人请教。所以，年轻人当然不会对上一代服服帖帖。

在这里需要指出，美国的年轻人也会非常认真地研究长辈的经验。就像马克·吐温曾说的那样：“当我7岁的时候，我感觉我父亲是天底下最聪明的人；当我14岁的时候，我感到我父亲是天底下最不通情达理的人；当我21岁时，我忽然发现我父亲是天下最厉害的智者。”所以尊重长辈是件非常重要的事情，而在酒桌上的尊重，更是必不可少的。

在酒桌上，同长辈喝酒需要懂得以下几个步骤。

1.祝酒

敬酒也就是祝酒，在比较正式的宴会上，由主人提出某个事由来饮酒。当我们敬长辈酒的时候，一定要找一些美好的祝愿、祝福，让长辈们喝得舒心。比如说：我祝您福如东海长流水，寿比南山不老松。

2.喝酒

饮酒的时候，祝酒词也不可或缺，需要有人率先提议，可以是你，可以是主人，也可以是在场的任何一个人。在提议干杯的时候，应起身站立，右手端起酒杯，或者用右手拿起酒杯后，再以左手托扶杯底，面带微笑，目视祝酒对象，嘴里同时说着祝福的话。有人提议干杯后，要手拿酒杯起身站立，即使是滴酒不沾，也要拿起杯子做做样子。将酒杯举到眼睛高度，说完“干杯”后，将酒一饮而尽或喝适量。然后，还要手拿酒杯与提议者对视一下，这个过程才算结束。

3.干杯

当我们同长辈喝酒的时候，一定要小心谨慎。首先，在干杯前，我们可以象征性地和对方碰一下酒杯，但是碰杯的时候，应该让自己的酒杯低于对方的酒杯，表示你对对方的尊敬。用酒杯杯底轻碰桌面，也可以表示和对方碰杯，当你离对方比较远时，完全可以用这种方式代劳。遇到不能喝酒的长辈，要充分体谅，可以帮他代酒，或者是用饮料代替他的酒，不要非让长辈喝酒，也不要对长辈不能喝酒的原因穷追猛打。

礼仪点睛

长幼有序是中华文化几千年的传统美德。也许随着社会的发展、科技的进步，年轻人对长幼有序有了很多新的看法和见解，但并不能改变它的本质——这是一种礼仪。这种礼仪体现了一个人的个人修养，体现了一个人不可多得的品质。若一个人在饭桌前都无法做到长幼有序，还指望其他人如何去看待你？

不要小瞧了同事之间吃饭的礼仪

工作繁忙辛苦，下班后不免约上几个同事一起去吃饭，在饭桌上吐露各自工作中的苦水，也不失为一种解压的办法。但终究同事不是家人、朋友，彼此间有利益冲突，不能做到无话不谈。所以，我们和同事吃饭时就该有所注意。

当有同事毫无征兆地要请大家吃饭，你千万别什么都不打听，傻乎乎地就去赴约。**碰到同事请客吃饭，就算他没说理由，你也不妨带份礼物备着**。或者和其他同事事先沟通一下，了解一下对方请客的原因，以避免自己失礼。

王美凤刚来公司一个多月，人缘不错。一天，人事部的小张宣布要请客，还要带上交往多年但从未露过面的女朋友。王美凤本以为他是说着玩玩的，无缘无故的怎么就请吃饭，但毕竟人家请了，还是要去的。吃饭的地方是个挺高级的餐厅，王美凤一身休闲装扮早早就到场了，没想到来就餐的同事一个个都精心打扮了一番，弄得王美凤为自己的着装尴尬了起来。

谁知吃到了一半，人事部小张搂着女朋友站起来，说今天其实是他们俩订婚的日子，因不想太铺张弄得尽人皆知，所以就请同部门的同事聚一下。其他同事听了并不惊奇，鼓掌祝贺，并纷纷拿出了自己或者几个同事凑份子买的礼物送给他们，王美凤此刻只想找个地缝钻进去，可以想象两手空空的王美凤处境是多么尴尬。

后来王美凤责问同事为什么不事先说一声，同事都说她大脑简单，也不想想谁会无缘无故请客吃饭呢。想想也是，既然知道没人会平白无故地请客，怎么还会傻到两手空空地去吃饭！

当然，不是每次同事请客吃饭都会有什么特别的理由，也许是大家随便聚聚。不过，就算是随便聚聚，也不要小瞧了和同事一起吃饭的礼仪。

比如一些同事喜欢在吃饭的时候开个玩笑，以活跃气氛。善意地开个有分寸的玩笑并不是坏事，双方自由自在地嬉戏，摒弃日常习惯、原始道德，远离规则，是极为惬意的乐事。玩笑以及小小的恶作剧具有出人意料的效果，它起于幽默，引致欢笑。人们在捧腹大笑之际，会深深地感谢那个聪明的、快乐的玩笑制造者。但切记凡事都要有个度，玩笑开大了让听者不舒服，那就得不偿失了。

开玩笑有些度你一定要把握好。

要了解玩笑殃及的对象。像平时也爱开玩笑、懂得幽默的人，你可以对他开玩笑，至于那些平时就很木讷、敏感的人，还是闭口为好。特别要注意的是，千万不可向你的领导发起玩笑攻略，避免殃及无辜。

要注意玩笑的内容。同一个对象，不同的内容，其反应是不同的。每个人有自己的尊严底线，每件事体现了不同的尊严程度，跨越了他人能够接受的底线，带来的效果就绝对不是你想要的初衷。

要清楚自己开玩笑的目的。记住你是为了活跃现场气氛而开的玩笑，目的要纯净、要坦荡，不能伤害他人的自尊。不要随便拿对方的生理缺陷开玩笑，也不要随便在女士面前开性的玩笑。如果玩笑的目的不纯，就有可能自取其辱。

除了玩笑，同事间也千万不要谈涉及隐私的事情。有些人总喜欢在茶余饭后聊聊别人的隐私，把这当成一种工作之余的乐趣，这也是万万不可取的。看看那些多嘴之人的代号，比如“八婆”“长舌妇”等，就清楚她们在同事心中的印象如何了。这些人轻则被同事排挤，重则可就要当心饭碗喽！

一位人事经理提到自己曾解雇过的一位总经理秘书，无非在聚会上，这位小姐没有管住自己的嘴巴，自以为得意地透露了总经理与另一位部门经理的婚外感情关系，让总经理在大家心目中的高大形象轰然倒塌。后来总经理追根究源，找到这位秘书的头上，怎么可能不让她卷铺盖回家？

餐桌上的轻松，同事间的融洽，不意味着真的可以敞开心扉畅所欲言，尤其是自己的隐私或者个人生活。职场是个利益纷争的地方，难免有人会别有用心地利用你在餐桌上的只言片语，做打击你的素材。

所以，当你在与同事尽享美餐的同时，千万不要把这些小小的礼仪忘在一边，它也许就会为你的人际关系出一分力噢！

礼仪点睛

同事之间请客吃饭是常有的事。但作为职场中的一员，首先需要先了解一下请客的情况，这样一是能表达感谢，二是如果有什么特殊的事情，也能做到提前准备，不至于事到临头显得失态又失礼。

注意自己的吃相，饭局中那些不可不知的礼仪

中国人一般都很讲究吃，同时也很讲究吃相。随着职场礼仪越来越被重视，商务饭桌上的吃和吃相也更加讲究。如果你看到一位绝美佳人坐在那里狼吞虎咽，想必也不会对她有兴趣了吧？！所以说，从吃相看出一个人的品格一点儿都不为过。**尤其作为一个职场新人，在某个重要的饭局上，一定要注意自己的吃相，永远把自己放在优雅的位置中。**

以中餐为例，开始进餐时，服务员一般都会送湿手帕，你要知道第一条是用来擦手的，切不可用它来擦你的脸。随后，如果你点了些需要拿着吃的

菜品，比如龙虾、水果等，那么服务员会送上一只小水盅，其中漂着柠檬片或玫瑰花瓣，它不是饮料，而是洗手用的。洗手时，可两手轮流沾湿指头，轻轻涮洗，然后用小毛巾擦干。

这些看似非常小的细节，在别人的眼里，也许就会成为断定你是优雅还是粗俗的依据。想必没有人愿意做后者吧，那不妨多学习学习。

吃饭过程中，夹菜也是门学问。如果没有服务员分菜，夹菜的时候可要先看好，切不可用自己的筷子在盘中挑来拣去，甚至搅拌。不是每个人都像家人一样不介意你筷子上的口水！最好使用公筷、公勺，如果没有，可以吩咐服务员为你准备。

如果你想吃的菜离你比较远，那么一定要等别人夹完以后再旋转桌盘。如若别人正在夹菜，你一下子把桌子转过去了，那是很没有礼貌的。

在中国，如果是个足够热情的人，通常都会为对方夹菜。比如新媳妇儿第一次上婆家吃饭，如果婆婆这时候能给她夹个菜，让她多吃点儿，怕是得把她美坏了吧。但夹菜也是要分时候、分场合的，切不可以偏概全，都当作自己人对待。领导、外宾或者是不熟悉的人，切记不可这样做。除此之外，喝酒也是如此，人家想喝就喝，实在不想喝也就算了，弄得大家都不高兴又何必呢！

一位外国人到中国寻求发展，在公司里也成就了他的一席之地。他给自己定了规矩：绝对不喝酒，喝酒误事。一次在公司聚会中，他的年轻同事就故意要他破规矩，拼命劝酒。情急之下，外国老先生说："劝我喝酒，还不如让我从桌子下钻出去好了。"大家以为他是辞酒的借口，一人便说："你如果真的从桌子下钻出去，我喝一碗。"谁知，老先生果真从桌子下钻了出去。结果弄得大家都挺尴尬，从此以后，再也没有人劝这位外籍老先生喝酒了。

所以，没有弄清地域差异，劝酒不成，反而弄得自己处境尴尬就不好了。

除了夹菜，吃也是有讲究的。最好让筷子上的食物在自己的接碟中过渡一下再送入口中，可以使吃相看起来不是那么急切。食物在口中咀嚼时，切记要闭紧双唇，以免说话、物体掉落、汁水外溢，以及免得发出“吧叽吧叽”的倒胃口的声响。

酒足饭饱之后，你的那些不拘小节的小举动也要统统收起。用餐之后，要擦擦嘴角，不要出去之后，别人还能从你嘴角的残留物看出你今晚吃了什么。餐后尽量不要不加控制地打饱嗝或嗳气，最好不要在餐桌上剔牙。如果需要剔牙，一定要用餐巾纸或手挡住自己的嘴巴。不要让餐具发出任何声响，绝对不可吸吮筷子或把筷子插在米饭中，这是大忌——在一些地方非常讲究，这就好比是葬礼上的香烛，被认为是不吉利的。

虽然以上一切吃饭时的礼仪你都顺利通过了，在准备离开的时候还要注意最后比较关键的一点，在主人还没示意结束时，客人不能先离席。

记住了这些吃饭中的常识礼节，注意自己的吃相，相信你在用餐过程中一定能成为一位标准的绅士或淑女。

礼仪点睛

很多职场新人认为，吃饭就是吃饭，自己好好吃就可以。殊不知，饭局中最能体现一个人的礼仪和修养。有时在吃饭中，能够看出一个人的人品，从吃饭时的言谈举止，更能看出一个人的教养。因此，不要认为饭局只是一个吃饭的地方，要把它当作礼仪的另一个展示地，而饭局当中的礼仪，更是平时必须学习的课程之一。

斟酒倒茶，一举一落间方显礼仪

在职场的饭局中，有时候我们避免不了要给客人斟酒倒茶，那么在这上面，同样也是具有一定学问的，会不会斟茶倒酒同样关乎我们的礼仪问题。常言道“茶满欺人，酒满敬人”，如果不懂得这些礼节，难免会让客人扫兴。特别是职场新人在和上司一起吃饭的时候，你在斟酒倒茶上的失礼肯定会引来上司的不满。

蕾蕾刚到一家新公司，为人比较放得开，所以没过几天就和同事们打成了一片。有一次，公司组织大家一起出去旅游，在晚上聚餐时，因为有韩方老总在，所以大家都很自然地入座吃饭，顶多也就是彼此之间讲个笑话，或者聊聊风景等。

这时候，蕾蕾却主动移到了老总的座位旁边，开始用夹生的韩语一遍一遍地去敬酒。结果几杯下肚以后，蕾蕾就开始手舞足蹈，竟然放大胆子把手搭在了老总的身上，让周围的同事目瞪口呆。

结果自那以后，蕾蕾发现同事对她再也不像以前那样热情了，大家在私底下都把她称为“乱性者”，不屑与她为伍。这让蕾蕾颇为烦恼，而这一边，老总似乎也没有她设想的那般对她有特殊照顾，反而是“谈之色变”。

其实蕾蕾就是因为在饭桌上向老总敬酒的时候失了礼，从而让同事和老总对她心生反感。可见，掌握斟酒倒茶的礼仪对职场人，特别是那些新人来说，好处多多。

先从斟酒来说。俗话说：感情靠酒，越喝越有。职场饭局上很少能没有酒，既然有酒，那么斟酒就是难免的。斟酒的顺序一般是先主后宾，然后才是其他客人。在斟酒时，酒杯应放在餐桌上，酒瓶不要碰到杯口。如果领导给你倒酒，那么拿酒杯的姿势就需要我们注意。如果是高脚杯，那么就应该以手指捏住杯腿，而短脚酒杯则应用手掌托住酒杯。至于斟多少酒，当然是要斟满，酒要满，茶要浅。当然，如果是在给领导斟酒时，你就更需要仔细打量一下当时的情况，如果领导已经喝得差不多了，你再给他倒满，就会让领导难堪，这时候以斟到二分之一最为合适；如果领导是一个非常爽快之人，那你就一定要斟满，否则就会让领导生气。当然，我们在这里说的都是传统的白酒。至于葡萄酒、香槟、白兰地、甜露酒等，是不宜斟满的，只宜斟到酒杯容量的三分之二处，其目的是使饮者在饮用时能让酒在杯中旋起来，使酒香充分地挥发出来。

当我们在给客户或者上司斟酒时，一定要注意自己的态度，不能看着他人一边斟酒还一边说着话，这是对他人的一种不尊敬。在敬对方酒时，喝完以后要主动去帮对方斟酒。多给领导或客户添酒，不要瞎给领导代酒，就是要代，也要在领导或客户确实想找人代的情况下。这时候，还需要我们装作是自己想喝酒，而不是特意为了给领导代酒而喝酒。如果太过明显会让领导产生反感，当然，也可以通过旁敲侧击的方法把准备敬领导酒的人拦下。

再来说一说倒茶，有酒就离不了茶，在饭局上倒茶也是一门大学问。一般来说，在饭局上都会有服务员倒茶，但当服务员不在场的时候，一般是桌上地位最低、年龄最小的人倒茶。倒茶的次序跟斟酒同样。

茶水一定要适量，茶满一向被人视为不敬。因此无论是大杯小杯，都不宜倒得太满，太满了容易溢出，有可能会烫伤客人，这样会让彼此都很难为情。当然，也不能倒得太少，如果茶水只是遮过杯底就端给客人，会使人觉得是在装模作样，不是诚心实意。

在端茶上也要讲究礼仪。按照我们国家的习惯，都是用双手给对方端茶。如果茶杯有杯耳，通常的做法是用一只手抓住杯耳，另一只手托住杯底，把茶端给对方。对于没有杯耳的茶杯，在倒满茶后会非常烫，双手不好接近，这时候千万不要用五指捏住杯口边缘就往对方面前送。尽管这种端茶方法可以防止烫伤事故发生，却非常不雅观，也不够卫生。这时候不妨拿一张餐巾纸垫一下端给对方。

要随时记得给上司或者客户的杯子里续茶，不要上司都喝完茶了，你还无动于衷，这难免会让领导觉得你“不长眼色”。这时候你可以示意服务员来添茶，也可以让服务员把茶壶留在餐桌上，你自己亲自来添。这同样也是在饭局中自己不知道该说什么的时候最好的掩饰方法。当然，在续茶的时候一定要先给他人续，最后才能轮到自己。

礼仪点睛

在职场中，斟酒倒茶的学问非常多，在更多的时候需要我们能够做到眼到手勤，特别是对职场新人来说，这无疑是在同事和领导面前一个表现的机会。

酒桌上交朋友，酒桌下成生意

话说“酒桌上交朋友，酒桌下成生意”，事实也是，有些事在饭桌上谈总是更方便些，所以，请客户吃饭就是常事了。请客户吃饭可不是随便打个电话约一下，然后随便找个餐厅，随便点几个菜，大家聊聊天这么简单的事情。一个小小的礼仪注意不到，或者照顾不周，就容易给客户留下很坏的印象，从而影响到日后的生意。

业务员武波本打算和客户进一步套套交情，就请客户吃了一次饭。武波平时是个不拘小节的人，大大咧咧惯了，用餐的时候姿势比较粗俗。恰好这个客户又属于文化型商人，对此非常看重。对方认为，武波连基本的礼仪都不懂，工作上必然也不够专业。结果，武波这顿饭请得还不如不请，原本还有一点儿热度的客户，态度来了个急转弯，冷淡了许多。

职场江湖，请客吃饭是在所难免：为了谈成生意，要请客户吃饭；升迁调动了，要请上司和同事吃饭；平时联络一下感情，要请客吃饭；领了红包，更要请客吃饭……哪一种饭局都不好应付。不少职场人士就是因为不懂请客吃饭的礼仪，结果适得其反，吃饭花了钱还把事情办砸了。

客户是我们的衣食父母，不能得罪，只是这饭要请谁、去哪里请、请什么规格、控制在什么费用、要达到什么效果，都必须做出周密的安排。

如果你想要知道客户是否接受自己的合作方案，那么你要请的对象就是客户手下的某个得力助手；如果你想要进某个大卖场，你最好请商品部经理，而不是卖场的总经理或老板。因为很多时候，客户本人不能或者不会给你任何信息，你请了也是白请，说不定你越请事情越难谈成。相反，你请客户的得力助手，一切就都好办了。这就像你要见某个官员，先要过他的秘书那一关一样。

请客户吃饭的对象确立后，最让人头疼的大概就是去哪里请最合适。

保险公司的小王，最近正为与客户吃饭的事情烦恼着：这是一个大客户，如果单子签下来，今年的销售指标算是彻底完成了。不过，客户一直没给一个准确的答复，约他吃饭已经一个月了，人总是忙着，前天刚刚给了回话“下周末可以抽个时间见面”。到时候吃什么？吃西餐吧，不够档次肯定不行；吃中餐吧，不知道对方爱吃什么口味；吃自助餐吧，环境嘈杂影响谈生意……为了这顿饭局，小王已经头疼了好几天。

请客户吃饭，餐厅的选择是有讲究的。了解客户的口味是关键，否则你请一个从来不吃辣的客户去吃川菜，或者请一位豪爽的东北汉子去喝咖啡，不是明显的不恭吗？对方能对你产生好印象才怪。所以，选择餐厅的第一步，就是根据参加的人选以及饭局的目的，评估要请的人的身份和口味，选择合适的餐厅。

一位业务员想请一位客户吃饭，但对方几次都拒绝了。后来，他了解到这位客户是一所大学下海经商的教授，对于那种觥筹交错的场合不喜欢，但业余很喜欢去听听歌剧和音乐会。后来，这位业务员找到机会，弄到了几张意大利交响乐团在北京演出的票，从音乐品位开始，两人竟然成了“忘年交”。

请客吃饭不过是为了联络感情，如果对方更喜欢听音乐会，那你就不必非要请客户去“吃”了，“听”也相当于“吃”了。**虽然有时候众口难调，但你可以参考一个原则，那就是“洋人吃土菜、土人吃洋菜”，一般就错不了。**

“洋人吃土菜、土人吃洋菜”这个原则的意思是，平时很洋化的人，你就请他吃传统的、有特色的菜；而对于较少出外用餐、吃惯家常菜的人，则最好选择酒店等气派的地点用餐。如今的那些企业老板等有身份、有地位的人，由于经常穿梭于各种高级场所，早已吃腻了海参、鲍鱼之类的菜，你不妨创新一下，给他换换口味，如风景优美的农家菜饭店、富有异域风情的特色餐馆等。而那些吃惯了家常菜的人则相反，在环境极其气派的酒店，单单是那些看起来诱人的菜单、看起来唬人的价格，对他们就具有较大的吸引力和诱惑力了。

要注意在选择餐馆的时候，一定要提前去探索一下特色菜的口味和价位。重要的客人，或者要谈比较敏感的话题，一定要点包间。

除了选择餐馆，还有很多细节需要注意。

如果你请的客户需要有人来作陪，那么作陪人员的选择是非常关键的。如果不加选择，随便拉几个人过来，不太会说话，或者太会说话，一顿饭吃完了，自己的业务没谈成，倒成全了自己的朋友和客户，那就不好了。

如果客户职位比较高，又要考虑节约成本，那么酒水最好自己带。无论是何种性质的饭局都不要出现：酒喝多了，胡说八道；有女士在场时，无所顾忌地讲黄段子；粗话满天飞……千万不要忘记了吃饭的目的。

如果可以，尽可能在请客户吃饭的时候，带上一些小礼品，不需要太贵重，关键是投其所好。比如，他刚刚得子，你就选择一件宝宝物品。这不只是一种礼貌，也能很好地拉近你们之间的距离。

礼仪点睛

吃饭的时候，最好不要谈生意，否则你的功利性太明显，对方会觉得“哦，你请我吃饭，就是为了和我签单”，反而会对你产生不好的印象。其实，如果你们在酒桌上相谈甚欢，酒桌下生意自然就成交了。

总之，请客吃饭也是一门学问，是你销售工作中必不可少的手段，用好了无往而不利，用不好也会影响销售业绩，甚至得罪客户。

有头有尾，利落的结束才是个好饭局

天下没有不散的筵席，有开席，自然就有收局。中国人讲究一个尽善尽美，做一件事情，需要好的开头，更需要漂亮的收尾，如此才称得上是功德圆满。如果我们在开局和过程之中已经耗费了大量心力，什么都做到尽善尽美了，最后却坏在收局上，那先前所有的努力都付诸东流了。对待收局，我们一定要慎重、再慎重。

那么，如何才能做到一个漂亮完美的收局呢？第一是注意细节，第二还是注意细节。细节是魔鬼，越到最后越是如此，因为魔鬼往往喜欢隐藏在人们成功前的那一刹那，让你功败垂成。不会做收局的人，就算在开始占尽了先机，过程中又出尽了风头，仍免不了到最后被淘汰出局的噩运。

围棋比赛中曾有这样一位天才人物，前五十手堪称天下无敌，中盘精心布置，攻守兼备，做得是滴水不漏，却往往在最后的收官阶段被人屠掉大龙（围棋术语，指被吃掉一大块子），功败垂成，后来苦心钻研数年，终于璞玉归真，在国际大赛中罕逢敌手，所向披靡。为何？因为他收官阶段堪称完美，别人就算在布局、中盘占尽先机，往往最后仍是被他一举擒获。

这就是收局的魅力，收局做得好，不但可以弥补开局和中盘的不足，有时候还能使事情发生逆转，向着有利于你的一面发展。

小东是一家水产店的老板，希望能从一个大批发商那里购买一批当下销售正旺的海鲜，于是请大批发商去自己专门供应的一家鲜鱼馆吃饭。但大批发商认为他实力不行，而且又是分期付款，有点信不过他，不管他怎么谈，大批发商都要求先交足50%以上的货款。但小东一时拿不出这么多钱来，谈到最后，小东都差点给大批发商下跪了。因为海鲜是个时鲜的产品，过了这段时间，谁知道还有没有好的行情。要想趁机多赚一笔，就得抓住目前这段时间，但没有货源对于刚入行不久的小东来说，的确是致命的打击。

小东费尽了口舌，也没能说动大批发商给他优惠的条件。但后来结账的时候，饭馆的老板死活不肯收小东的钱，看得这位大批发商一头雾水，怎么有钱都不赚？在听他们“争执”的过程中，大批发商才明白，原来小东是这家饭馆的供货商，供货不但及时，每笔账也都算得清清楚楚。饭店老板觉得跟他合作很实在，所以一般他在这里吃饭能不要他的钱就尽量不要。大批发商听了大受影响，从另一方面感受到了小东经商的人品和原则，所以一回去，就提了货直接找小东签合同，而且只用先付足20%的货款就可以了。

像小东这样请大批发商吃饭，虽然刚开始谈得很不顺利，但最后收局阶段，出现了惊人的逆转，不但成功地获得了大批发商的信任，更把自己这单生意给做了下来，可说是一举两得。

收局想要做得完美，不但要有以上这种出其不意的一幕，更需要一些完善的细节来做铺垫，切不要以为吃完饭就没事了，有时候没谈完的事情，需要吃完饭后坐下来接着谈。在饭局中，除了要顾及对方的感受外，更要注意现场的气氛，饭吃到什么时候才算结束，这里面也有一套说法：吃快了，事情谈不完；吃慢了，对方又觉得你做人做事不够果断，有点啰里啰唆。总之，越是到最后阶段，越是不能急功近利，要把握住节奏。节奏有了，最后收局时那定音的一锤，才能够砸得响亮、砸得干脆、砸得完美。

礼仪点睛

收局为什么那么重要呢？因为这是你开始收获这顿饭局结果的时候，是你们前面所谈的事情一锤定音的时候，如果急了，则可能是“煮熟的鸭子也飞了”，如果慢了，则可能是“黄花菜都凉了”。所以，收局阶段也要像前面开局那样，不急不躁、游刃有余，争取做一个漂亮完美的收局。